CAMERON DIAZ

CAMERON DIAZ

VON DANIEL O'BRIEN

AUS DEM ENGLISCHEN VON THORSTEN WORTMANN

SCHWARZKOPF & SCHWARZKOPF

Inhalt

Einleitung 7

DIE ERSTEN JAHRE 15
Der Weg nach oben 24

VERRÜCKT NACH CAMERON 45
Hochzeiten und Intrigen 63
Von wegen Engel 71

AN DER SPITZE HOLLYWOODS 93
Der große Wurf 105
Camerons Zukunft 120

Filmographie 124

Vorwort

Es gibt nicht viele Hollywood-Schauspielerinnen, die den Durchbruch geschafft haben, weil sie mit einem Irren mit grünem Gesicht einen wilden Tanz aufs Parkett gelegt haben. Es gibt noch weniger Schauspielerinnen, die mit einer Rolle zum Megastar wurden, bei der sie sich laut Drehbuch Sperma anstelle von Wet-Gel in die Haare schmieren. Die Filmkarriere von Cameron Diaz verlief gleich von Anfang an eher ungewöhnlich. Sie zählte zu der oft verspotteten Spezies der Models, die Filmstars werden wollen, aber Cameron hat die anfängliche Skepsis des Publikums bezwungen und ist zu einer der bestbezahlten Schauspielerinnen Hollywoods geworden.

Cameron Diaz hat zweifellos einige besonders auffallende Merkmale: tiefblaue Augen, natürlich blondes Haar, sinnliche Lippen und unwiderstehliche Wangen. Dennoch sind gutes Aussehen und Erfolg als Model keine Garantie für den Durchbruch in Hollywood. So musste das Supermodel Cindy Crawford heftige Kritik einstecken, als sie sich in einer Hauptrolle in dem Film *Fair Game* (1995) versuchte. Im Unterschied zu diesem wenig gelungenen Filmdebüt hat Cameron Diaz neben ihrem offensichtlichen Sexappeal die nötige Leinwandpräsenz, die eine Hollywood-Karriere erfordert, genauso wie Energie, Intelligenz und eine ordentliche Portion Humor. Im Gegensatz zu Cindy Crawford hat sie das Zeug zur Schauspielerin; geduldig lernte sie ihr Handwerk in kleinen Rollen, die nicht auf Multiplex-Kinobesucher zugeschnitten waren.

Der Aufstieg von Cameron Diaz zum internationalen Superstar dauerte nur vier Jahre und begann mit ihrer ersten Rolle in *Die Maske* (1994). Der Film war eine Mischung aus Cartoon und Realfilm, und er war das ideale Vehikel für den Starkomiker Jim Carrey, dessen wahnwitzige Darbietung mit der grünen Gummimaske perfekt mit den Special Effects harmonierte. Diaz war damals gerade erst 21 Jahre alt, und mit ihrer Rolle als sexy Nachtclubsängerin zog sie nicht nur die Aufmerksamkeit der Kinobesucher auf sich: 1995 wurde Diaz von der Zeitschrift *Empire* auf Platz 13 in der Liste der einhundert attraktivsten Stars der Filmgeschichte gewählt. Da Cameron bekanntermaßen abergläubisch ist, dürfte sie aber nicht allzu begeistert von dieser Platzierung gewesen sein. Trotzdem war es immer noch eine bemerkenswerte Leistung für eine Schauspielerin, die gerade mal ein Jahr lang in der Filmindustrie gearbeitet hatte.

1997 stand sie neben Julia Roberts für die erfolgreiche Komödie *Die Hochzeit meines besten Freundes* vor der Kamera und erschien auf dem Titelblatt des *Rolling Stone*. Ein Jahr später gelang Cameron der große Wurf mit ihrer Hauptrolle in der schwarzhumorigen Screwball-Komödie *Verrückt nach Mary*, einem der größten Kinohits des Jahres 1998. Der Film bestach durch sein Gag-Feuerwerk und die raffiniert konstruierte Handlung, Diaz brillierte in der Rolle der gutmütigen und unschuldigen Mary, die nicht mal eine verirrte Ladung Sperma aus der Fassung bringen konnte.

Zu Beginn ihrer Karriere sagte Cameron, dass sie mit Schauspielern und Regisseuren zusammenarbeiten wollte, die sie verehrte, um von ihnen zu lernen. Bisher kann sie Stars wie Jim Carrey, Keanu Reeves, Harvey Keitel, Julia Roberts, Ewan McGregor, Johnny Depp, Al Pacino, Tom Cruise, Jude Law und Leonardo DiCaprio zu ihren Filmpartnern zählen. Sie arbeitete mit angesehenen Regisseuren wie Danny Boyle, Terry Gilliam, Oliver Stone, Spike Jonze, Cameron Crowe und Martin Scorsese. Nicht alle diese Filme waren letzten Endes großartige Werke, aber Diaz hat immer erstklassige Darbietungen abgeliefert und damit oftmals erfahrenere Kollegen in den Schatten gestellt.

Mit dem großen internationalen Erfolg von *3 Engel für Charlie* (2000) und *Shrek – Der tollkühne Held* (2001) etablierte sich Cameron Diaz als eine der größten und gefragtesten Schauspielerinnen Hollywoods. Angeblich erhielt sie für die Fortsetzung *3 Engel für Charlie – Volle Power* (2003) eine für weibliche Darstellerinnen rekordverdächtige Gage von über 20 Millionen Dollar, eine Summe, die vor ihr nur Julia Roberts für dem Film *Erin Brockovich* (2000) bekommen hatte. Und es gibt auch nur wenige männliche Stars, die so gut bezahlt wurden, und dafür mussten jene Herren auch eine Reihe von absoluten Kassenschlagern hinlegen. Arnold Schwarzeneggers angebliche Gage über 30 Millionen Dollar für *Terminator 3 – Rebellion der Maschinen* (2002) sagt eher etwas über die Vermarktungsmöglichkeiten des Films aus als über das Können des alternden Actionstars. Die Leistungen von Diaz sind hingegen bemerkenswert, gerade wenn man bedenkt, dass sie noch davorsteht, einen Blockbuster mit Riesenbudget alleine zu tragen.

Neben den kommerziellen Megahits hat Cameron Diaz auch in Filmen mitgewirkt, die eher unkonventionell waren, wie etwa *Being John Malkovich* (1999), *Vanilla Sky* (2001) und *Gangs Of New York* (2002). Sie hatte einen kurzen Auftritt in der schrägen Romanadaption *Fear And Loathing In Las Vegas* (1998) sowie in *Man Woman Film* (1999), einem Low-Budget-Film, der von einem Jugendfreund gedreht wurde. Diaz hat bereits zuvor in einigen Filmen mitgespielt, die für die jeweiligen Regisseure Erstlingswerke waren – was für die Schauspielerin ein gewisses Risiko bedeutete. Im Fall von *Being John Malkovich* und *3 Engel für Charlie* zeigte sich, dass sich Camerons gewagter Einsatz ausgezahlt hatte.

Abgesehen davon, dass Cameron ständig zu spät kommt, hat sie keine der für Filmstars üblichen Macken. Es stimmt zwar, dass sie ihr Gesicht nur mit Wasser der Marke Evian wäscht, aber diese Art von Hautpflege ist wohl kaum nur den Reichen und Berühmten vorbehalten. Die

Ein Foto von Cameron Diaz aus dem Jahr 1988 – das Gesicht eines zukünftigen Hollywood-Stars

Schauspielerin hat generell große Angst vor Bakterien und öffnet Türen eher mit ihren Ellenbogen, als dass sie schmutzige, unhygienische Türgriffe anfasst. Anders als viele andere Hollywoodschauspielerinnen kann sie keine Essstörungen vorweisen, sondern isst am liebsten Egg McMuffins mit Pommes frites. Sie trinkt gerne Alkohol und raucht selbstgedrehte Zigaretten. Cameron ist bekannt für ihr schreiendes Gelächter, ihre manchmal vulgäre Ausdrucksweise und ihre Vorliebe für schmutzige Witze. Und sie mag keine BHs – was ihre Fans sicherlich schon bemerkt haben dürften –, aber sie bestreitet, dass dies ein provokatives Mode-Statement sein soll: »In meinem Innersten bin ich eher der burschikose Typ.«

Cameron Diaz wird weitgehend für ihre positive, enthusiastische Arbeitseinstellung gelobt. Ihr starker Glaube an diese Herangehensweise wurde bei den Dreharbeiten zu dem Film *Die Hochzeit meines besten Freundes* gefestigt, bei dem sie neben Julia Roberts vor der Kamera stand: »Ich wusste es zwar schon vorher, aber Julia hat es mir erst wirklich klargemacht – die Crew richtet sich immer nach dem Star, was die allgemeine Stimmung am Set angeht. Wenn man also morgens zur Arbeit kommt, liegt es bei einem selbst, wie die Stimmung den Tag über sein wird.«

Obwohl Cameron das Filmemachen relaxt angeht, spielt sie die harte Arbeit, die darin steckt, nicht herunter. Sie sagt dazu: »Filmemachen ist nicht einfach. Es macht zwar Spaß, aber es wird immer komplizierter.« Eine dieser Komplikationen für die junge Schauspielerin ist ihr ständig wachsender Bekanntheitsgrad. Diaz hat kein Problem damit, Autogramme zu geben, besonders wenn sie weiß, dass die Fans stundenlang gewartet haben, um einen Blick auf sie werfen zu können. In einem Interview sagte sie: »Das ist einfach süß und schmeichelhaft, aber es beeinflusst nicht mein Leben. Ich betrachte es nur als Teil meines Jobs.«

Für die Klatschpresse – eine ständige Erinnerung an die Schattenseiten des Ruhmes – hat Cameron Diaz hingegen keine Zeit. Peter Farrelly, Co-Autor und Co-Regisseur von *Verrückt nach Mary*, vermutete einst, dass Diaz Angst vor Erfolg habe. Sie wehrt sich dagegen, dass ihr Privatleben mittlerweile öffentliches Eigentum geworden ist, besonders was ihre Beziehungen angeht. Ihre Beziehung zu Popsänger Justin Timberlake füllte vier Jahre lang die Seiten der Boulevardblätter. 1996, also noch bevor sie mit *Mary* zum Hollywoodstar wurde, sagte sie in einem Interview deutlich, was sie von der Aufdringlichkeit der Presse hielt:

»Es gibt keinen Grund, warum man sich damit abfinden sollte, dass sie einem nachstellen, nur weil man ein Prominenter oder Schauspieler ist. Ich finde, dass Schauspieler genug auf der Leinwand preisgeben. Das ist ihr Job. Es ist nicht ihre Aufgabe, den Leuten zu zeigen, was sie in ihrer Freizeit tun.«

Heute mag es naiv klingen, da Diaz manchmal Probleme hat, mit den Medien zurechtzukommen. Sogar die von den Filmstudios organisierten Pressetermine sind für sie eine Qual. Die Schauspielerin kommentierte dies gern mit dem Satz: »Für meine Darbietungen vor der Kamera werde ich nicht bezahlt, sondern nur für die Pressetermine.« Diaz wurmt es auch, dass sie zu Beginn ihrer Karriere der Presse gegenüber ein wenig zu offen war:

»Meine Vergangenheit ist für jeden einsehbar. Manchmal wünschte ich, dass es nicht so wäre, aber ich lebe hier und jetzt, deshalb ist es mir auch relativ egal, wenn die Leute die alten Geschichten immer wieder ausgraben.«

Jenseits des Filmsets interessiert sich Diaz unter anderem für Surfen, Motorsport, Poolbillard, Bowling, Heavy Metal und *Monty Python's Flying Circus*. Ihre Lieblingsschriftsteller sind Raymond Carver und Charles Bukowski, die beide wahrlich keine Mainstream-Autoren sind, und sie liebt die Filme der Coen-Brüder Joel und Ethan. Bisher hat sich noch keine Zusammenarbeit mit den beiden verrückten Filmemachern ergeben, aber vielleicht wird der Tag noch kommen, an dem die abgedrehten Schöpfer von *Fargo* (1995), *The Big Lebowski* (1998) oder *O Brother, Where Art Thou?* (2000) für Cameron Diaz eine passende Rolle kreieren. Die Brüder Peter und Bobby Farrelly, die hinter dem Kinohit *Verrückt nach Mary* steckten, zogen eindeutig den Hauptgewinn, als sie Diaz die Rolle der Mary gaben.

Cameron Diaz ist ganz und gar nicht eitel, aber dennoch fühlt sie sich wohl in ihrer Haut und ist sich der Aufmerksamkeit bewusst, die sie durch ihr Aussehen erhält. Für falsche Bescheidenheit hat sie keine Zeit, wie sie einem Reporter von der *Toronto Sun* erzählte:

»Ich würde mich wie ein Idiot anhören, wenn ich sagen würde, dass ich nicht daran glaube, dass mich die Leute attraktiv finden. Ich habe mir jahrelang meinen

Cameron Diaz

Vorwort

Lebensunterhalt damit verdient, schön auszusehen und mich vor der Kamera zu präsentieren.«

Genauso selbstbewusst gibt sich Cameron Diaz auch, was ihr komisches Talent betrifft: »Ich habe schon immer Leute zum Lachen bringen können. Meine Mom ist immer noch das beste Publikum. Sie lacht so natürlich.« Andererseits ist Diaz selten hundertprozentig zufrieden mit ihrer Darbietung. Wenn sie sich bei der Filmpremiere selbst auf der Leinwand sieht, lautet ihre Standardantwort: »Jetzt weiß ich, wie ich die Rolle hätte spielen müssen. Wenn ich es doch nur damals schon gewusst hätte!«

Cameron Diaz bestreitet, irgendeinen langfristigen Karriereplan zu verfolgen, außer dass sie die interessantesten oder amüsantesten Rollen annimmt, die sie angeboten bekommt: »Seit *Die Maske* betrachte ich es als großes Glück, dass ich anscheinend immer zur rechten Zeit am rechten Ort bin. Das waren bisher alles glückliche Zufälle.« In einem Interview im Oktober 1997 äußerte sie immer noch eine gewisse Ehrfurcht vor ihrer eigenen Hollywood-Karriere:

»Jedes Mal, wenn ich einen Film drehe, lerne ich etwas Neues über meinen Beruf und über mich selbst. Ich hatte nie ein richtiges Verlangen danach, Schauspielerin zu sein. Aber da ich nun in diese Karriere hineingestolpert bin, kann ich gar nicht glauben, wie viel Glück ich habe.«

Szene aus *Liebe braucht keine Ferien*

Kapitel 1:

Die ersten Jahre

Cameron Michelle Diaz wurde am 30. August 1972 in San Diego, Kalifornien, geboren. Ihr Vater Emilio Diaz, ein Amerikaner kubanischer Abstammung, war Vorarbeiter bei einer Erdölfirma. Ihre Mutter Billie arbeitete als Maklerin für Importe und Exporte. Billie Diaz hatte deutsch-englische Vorfahren, was vielleicht Camerons äußerst markante Züge erklärt. Der Name Cameron stammt aus dem Schottisch-Gälischen und bedeutet so viel wie »Krumme Nase« – Camerons Eltern hatten wohl damals schon eine gewisse Vorahnung, dass ihre Tochter sich mindestens vier Mal die Nase brechen sollte. Die Schauspielerin hat eine ältere Schwester namens Chimene, die mittlerweile selbst schon Mutter ist. Familie Diaz zog irgendwann die Westküste weiter hinauf nach Long Beach, einer Stadt mit großem Seehafen und Heimat des Luxusdampfers *Queen Mary*.

Diaz betrachtet ihre Kindheit als extrem glücklich: »Meine früheste Kindheitserinnerung ist Gelächter. Wenn ich meine Augen schließe, höre ich meinen Vater lachen. Das Gelächter meiner Mutter ist noch ansteckender. Als Kind habe ich alles getan, was ich konnte, um meine Mutter zum Lachen zu bringen, weil ich dann auch lachen musste.«

Als Kind bekam Diaz von ihren Eltern den Spitznamen Cami verpasst, und sie selbst beschreibt sich als »abenteuerlustiges, unabhängiges Kind, das hart im Nehmen war.« Sie spielte oft auf der Straße Baseball und ließ sich auch schon mal auf eine Prügelei ein. Cameron war kein Kind, das nachgab oder sich von den Schulhofschlägern einschüchtern ließ, und sie unterstrich dies mehr als einmal mit ihren Fäusten. Die Schauspielerin sagte, dass diese harte Haltung von ihrem Vater stamme, genauso wie ihre Liebe zu derbem Humor: »Das habe ich von meinem Vater. Er ist ein typischer Vorarbeiter-Macho, und als Kind wollte ich so sein wie er.« Cameron war schon als Kind recht groß und auffallend dünn, und sie erhielt deshalb den Spitznamen »Skeletor«, wie der Bösewicht mit dem Totenkopfgesicht aus der Comicserie *Masters Of The Universe* – Einfallsreichtum gehörte wohl nicht zu den Stärken ihrer Klassenkameraden. Wahrscheinlich zog Cameron es deshalb auch vor, mit den älteren Kids rumzuhängen.

Cameron Diaz besuchte später die Long Beach Polytechnic Highschool, zu deren früheren Schülern der Westernheld John Wayne und Gangsta-Rapper Snoop Doggy Dogg gehören. Camerons eigener Musikgeschmack beschränkte sich einzig auf Hardrock: Ozzy Osbourne, Metallica, Whitesnake, Ratt und AC/DC. Sie war verrückt nach Tieren und wollte eigentlich

Vorherige Seite: Cameron überreicht Britney Spears im November 2002 in Los Angeles den renommierten Children's Choice Award

Zoologin werden. Zu ihren Haustieren gehören zwei große Schlangen, die mit speziell für sie gezüchteten Mäusen gefüttert werden. Außerdem hat sie eine Schwäche für schnelle Autos und ist selbst eine rasante Fahrerin. Wer die Filme *Die Hochzeit meines besten Freundes* oder *3 Engel für Charlie* gesehen hat, wird bestätigen, dass Cameron immer noch auf schnelle Wagen steht.

Emilio und Billie Diaz erzogen ihre Kinder relativ frei, und so kam es, dass Chimene und Cameron schon im Kindesalter zu Partys und Rockkonzerten mitgenommen wurden. Als Cameron zu ihrem ersten Van-Halen-Konzert ging, wurde sie von ihrer Mutter Billie begleitet. Bis zum heutigen Tag stehen sich Cameron und ihre Familie sehr nahe:

»Meine Familie gibt mir Halt. Ohne sie wäre ich gar nichts. Sie hat mich bei allem, was ich gemacht habe, unterstützt. Ich möchte aber nicht, dass es so aussieht, als würde ich ihr Vertrauen in mich ausnutzen.«

Für die jugendliche Cameron hatte Long Beach den Vorteil, dass man Los Angeles mit dem Zug in nur einer Stunde erreichen konnte. Mit 16 nahm sie uneingeladen an einer Party in Hollywood teil und gab sich dabei als 21-Jährige aus. Es stellte sich heraus, dass viele der männlichen Gäste »schmierige Typen« waren, die »alle Frauen angebaggert haben, indem sie so taten, als wären sie Talentsucher für Modelagenturen«. Diaz trug an jenem Abend einen Overall mit Stöckelschuhen und fand gar nicht, dass sie wie eine potenzielle Laufstegschönheit aussah. Trotzdem stellte sich ihr ein Mann namens Jeff Dunas vor, der behauptete, ein Topfotograf und gleichzeitig Agent für die erstklassige Elite Modelling Agency zu sein. Dunas war begeistert von Camerons Aussehen und bot ihr an, für sie gutbezahlte Aufträge als Model in seriösen Printmedien zu suchen. Diaz nahm skeptisch Dunas' Visitenkarte an, und nachdem ihre Eltern einverstanden waren, vereinbarte sie einen Termin mit der Modelagentur. Obwohl sich die ganze Geschichte verdächtig unseriös anhörte, bewies Dunas schnell, dass er es ernst meinte. Innerhalb einer Woche hatte Cameron Diaz einen Vertrag bei Elite unterschrieben. Ihr Debüt als professionelles Model gab sie in einer Anzeige für die amerikanische Zeitschrift *Teen* und verdiente damit 125 Dollar.

Kurz darauf verließ Cameron ihr Zuhause und gleichzeitig auch die Vereinigten Staaten. Sie wollte ihre junge Karriere als Model weiter ausbauen und reiste dafür nach Japan, zusammen mit einem anderen aufstrebenden Model, das ein Jahr jünger als sie war. Große blonde Frauen mit blauen Augen waren Mangelware in Japan. Ihre Eltern hatten keine Einwände gegen diese potenziell riskante Expedition, und das Vertrauen in ihre Tochter sollte die meiste Zeit wohlbegründet sein. Cameron erklärte jedoch später:

»Man kann als 16-Jährige in einem fremden Land wirklich Schwierigkeiten bekommen, wenn man keine Eltern bei sich hat, die einem sagen, wann man nach Hause kommen soll.«

Sie teilte sich mit ihrer Kollegin eine Zweizimmerwohnung und genoss natürlich ihr neues Leben in Japan, wo »Models wie Rockstars« behandelt werden. Da-

Cameron in *Lebe lieber ungewöhnlich*

durch wurde Cameron auch gleich mit den fragwürdigen Aspekten von Ruhm und Erfolg konfrontiert. Als sie zu der Zeit von *Die Maske* interviewt wurde, gab sie offen zu, während ihrer Zeit im Fernen Osten mit illegalen Drogen »herumexperimentiert« zu haben.

Cameron Diaz bekam bald regelmäßig Angebote als Fashionmodel für Zeitschriften. Sie wohnte und arbeitete insgesamt fünf Jahre in verschiedenen Ländern; als sie Japan verließ, nahm sie Aufträge in Australien, Frankreich, Mexiko und Marokko an. Wie Cameron selbst zugab, hatte dieses neue und freie Globetrotterleben auch seine brenzligen Momente. Am schlimmsten hatte es Cameron getroffen, als sie in Australien im Alter von 18 Jahren nach einem Trinkgelage eine Alkoholvergiftung hatte. Sie war für ein Shooting für Coca-Cola am Bondi Beach gebucht worden, und nach den Aufnahmen relaxte das Model mit einer Reihe exotischer Cocktails, gefolgt von gutem alten japanischen Sake. Dementsprechend schlecht ging es ihr in den folgenden 24 Stunden, und sie behauptete, dadurch sieben Pfund verloren zu haben.

Als Fotomodell hatte Cameron Diaz nur wenige schlechte Erfahrungen gemacht; doch während sie noch in Japan wohnte, hatte sie sich zu Nacktfotos überreden lassen, die sie später bereute. Cameron hatte bereits zuvor mit dem Fotografen John Rutter zusammengearbeitet, und er versicherte Diaz, dass die freizügigen Aufnahmen ausschließlich für ihr persönliches Portfolio gedacht waren. Cameron sagte dazu: »Ich war sehr jung, und der Fotograf nutzte meine Naivität aus.« Als sie bereits ein gefragter Name im Showbiz war, war es natürlich unausweichlich, dass die Fotos ans Tageslicht kamen. Ein paar Jahre später tauchten sie in der Zeitschrift *Celebrity Sleuth* und auch auf deren Website auf. Als Diaz auf Publicity-Reise für den Film *A Life Less Ordinary – Lebe lieber ungewöhnlich* (1997) mit den Nacktaufnahmen konfrontiert wurde, gab sie sich gelassen: »Es war mein Fehler, weil ich damals grünes Licht für diese Fotos gegeben habe. Ich dachte, dass ich mit Nacktfotos umgehen könnte, weil ich mich für meinen Körper nicht schäme.« Dennoch hat Diaz bisher noch nie alle Hüllen auf der Kinoleinwand fallen gelassen, und sie bestand später darauf, dass eine Nacktszene

Cameron Diaz mit Jim Carey in *Die Maske*

in *Verrückt nach Mary* aus dem Drehbuch gestrichen wurde.

Zwischen den Aufträgen als Fotomodel fand Cameron aber auch die Zeit, die Highschool zu beenden und machte 1990 ihren Abschluss an der Long Beach Polytechnic. Ein Jahr zuvor hatte sie im Alter von 17 Jahren eine ernsthafte Beziehung mit dem Videoproduzenten Carlos de La Torre begonnen, mit dem sie sich später eine Wohnung in Hollywood teilte.

1993 kehrte Cameron endgültig nach Kalifornien zurück und arbeitete dort weiterhin als Model. Sie war erst seit wenigen Jahren in diesem Business tätig, trotzdem war sie schon auf den Titelblättern von *Mademoiselle* und *Seventeen* erschienen und stand für Levi's, LA Gear, Coca-Cola, Nivea und Calvin Klein vor der Kamera. Mit einer Bezahlung von 125 Dollar für ein Shooting hatte sie begonnen, und mittlerweile belief sich ihr Standardhonorar auf 2000 Dollar pro Tag. 1994, im Jahr ihres Debüts als Schauspielerin, erschien Cameron in einem Fernsehwerbespot für den Haarprodukthersteller Salon Selectives. Sie war erfolgreicher, als sie sich jemals hätte träumen lassen.

»Mir gefiel die Arbeit als Model so sehr, weil ich dadurch reisen konnte, viele interessante Leute kennenlernte und in jungen Jahren so gutes Geld verdienen konnte. Aber trotzdem merkte ich, dass irgendwas in meinem Leben fehlte ...«

Camerons Suche nach einer Karriere fernab von Zeitschriften und Werbeanzeigen endete mit *Die Maske* (1994). In dieser amüsanten Komödie spielte Diaz eine Femme fatale mit einem Herzen aus Gold, die einige flotte Tanzschritte draufhatte.

Es war nicht die schwierigste Rolle, aber trotzdem brilliert Cameron auf der Leinwand. Sogar Jim Carrey war von ihrer Darbietung begeistert.

Cameron hatte hart dafür gearbeitet, um den Part zu bekommen – immerhin war es eine Hauptrolle. Sie war sich bewusst, dass ihre Modelkarriere nicht ewig andauern würde, deshalb beschloss sie, für *Die Maske* vorzusprechen, nachdem sie das Drehbuch auf dem Schreibtisch ihres Agenten hatte liegen sehen. Angeblich hatte Camerons Agent vorgeschlagen, dass sie erst mal einen kleineren Part übernehmen sollte, weil es für einen Neuling im Filmgeschäft einfach realistischer sei.

Diaz hatte zuvor noch keine Erfahrungen als Schauspielerin gesammelt, deshalb malte sie sich auch keine großen Chancen aus. Andererseits wählte die Produktionsfirma auch andere Modelle für den Film aus, und man achtete eher auf Aussehen und Charisma als auf schauspielerisches Können. Camerons erstes Vorsprechen beeindruckte die Produzenten, aber dennoch waren sie sich noch nicht einig. Die Casting-Agenten und Regisseur Charles Russell waren von Cameron begeistert, allerdings war sie als Newcomerin ein Risiko für den Film. Die Produktionsfirma konnte sich nicht entscheiden und lud Diaz noch weitere elf Male zum Vorsprechen ein. Die angehende Schauspielerin sprach sogar Dialoge mit Jim Carrey durch und studierte die Tanzeinlage ein, die für ihre Rolle als Nachtclubkünstlerin vorgesehen war. Nach einer gewissen Zeit hatte Diaz das Gefühl, dass sie der Choreograph des Films als unbezahlten Übungspartner benutzte. Dies brachte ihre Dickköpfigkeit

Szenen aus *Die Maske*

zum Vorschein. Auch wenn sie verbissen daran arbeitete, in dem Film mitspielen zu dürfen, wollte sie sich dennoch nicht ausbeuten lassen:

»Ich tat alles, was die Filmemacher von mir verlangten. Aber irgendwann sagte ich: ›Wisst ihr was? Ich mache das nicht mehr mit. Ich werde nicht weiter mit dem Choreographen üben, damit er die Schritte für die Schauspielerin perfektionieren kann, die letztendlich die Rolle bekommen wird.‹«

Regisseur Charles Russell sah Camerons Bedenken ein und konnte die Produzenten von *Die Maske* überzeugen, sich für die ehrgeizige Newcomerin zu entscheiden, die ihr Können bereits ausgiebig unter Beweis gestellt hatte. Dennoch war Cameron äußerst überrascht, als sie die Rolle bekam, und meldete sich schnell zum Schauspielunterricht an.

Die Maske ist im Grunde eine zeitgemäße Fassung von *Dr. Jekyll und Mr. Hyde* mit Schwerpunkt auf ausgiebiger Slapstick-Comedy. Die Produktionsfirma hatte den 18 Millionen Dollar teuren Film für den Komiker Jim Carrey entwickelt, der kurz zuvor einen Überraschungshit mit *Ace Ventura – Ein tierischer Detektiv* (1994) gelandet hatte. Die Maske basierte auf den gleichnamigen Dark-Horse-Comics, und die Geschichte spielt in der Stadt Edge City. Carrey spielt den geknechteten Bankangestellten Stanley Ipkiss, Diaz ist Tina Carlyle, eine Nachtclubsängerin und Gangsterbraut, die sich danach sehnt, die wahre Liebe zu finden und zu einem besseren Menschen zu werden.

Während des Drehs stellte Cameron Diaz fest, dass Jim Carrey anscheinend Gefallen an seinem Promistatus fand: »Jim stand total drauf, wenn er ans Set kam und Hunderte von jungen Fans bereits sehnsüchtig auf ihn warteten ... Er findet es cool für sich selbst und auch für sie.« Im Gegensatz dazu hatte Cameron bereits einen Monat an dem Film gearbeitet, als sich ihr die Wichtigkeit des Projekts erst eröffnete:

»Ich habe zuerst gar nicht realisiert, in was für einem großen Film ich mitspielte. Als die Hälfte der Aufnahmen im Kasten war, fragte ich: ›Gibt es irgendeine Möglichkeit, dass sich meine Eltern den Film mal ansehen können?‹ Die Produzenten sagten: ›Cameron, sie können in jedes Kino gehen.‹ Ich hatte keine Ahnung! Hey, ich bin blond, ich darf das.«

Während die Schauspielerin diese »schockierende« Entdeckung später als Witz abtat, machte sie sich zur Zeit des Drehs immer mehr Sorgen darüber, dass sie versagen und die Filmemacher enttäuschen würde. Dieser Druck führte dazu, dass Cameron ein Magengeschwür bekam, aber sie sprang über ihren Schatten und zeigte, dass sie der Aufgabe gewachsen war, indem sie bis zum Ende des Drehs die Zähne zusammenbiss. Nach über zwanzig Filmen leidet sie immer noch unter stressbedingten Bauchschmerzen, wenn sie mit der Arbeit an einem neuen Film beginnt, aber glücklicherweise kann sie sich heute mit einer speziellen Atemtechnik beruhigen.

Man könnte behaupten, dass *Die Maske* sehr von Greg Cannoms besonderem Make-up sowie den Special Effects lebt, die von George Lucas' Firma Industrial Light And Magic kreiert wurden. Die Handlung ist recht einfach: Stanley Ipkiss ist ein liebenswerter Loser, der von Automechanikern, Bankkollegen, Nachtclubtürstehern, schlechtgelaunten Vermieterinnen und ehrgeizigen Reportern ausgenutzt und verspottet wird. Ipkiss verspürt das Bedürfnis, der Realität zu entfliehen, und ist deshalb auf Cartoons fixiert, besonders auf die von Tex Avery. Der Amerikaner war einer der größten Zeichentrickregisseure und entwickelte in den späten dreißiger Jahren für Warner Bros. unter anderem die Figuren Daffy Duck und Bugs Bunny.

Cameron Diaz

Cameron mit ihrem langjährigen Freund Carlos de La Torre bei der Premiere von *Die Maske*

Avery ging danach zu MGM und schuf dort die einfallsreichsten, lebhaftesten, ungeheuerlichsten, subversivsten und generell umwerfendsten Cartoons aller Zeiten. *Die Maske* ist vor allem eine Hommage an Averys Cartoon *Rotkäppchen – Oho!* (1943), und Diaz übernimmt die Rolle der im Original-Cartoon singenden und tanzenden »Red«.

Ipkiss findet im Hafen von Edge City eine alte Maske, mit der er die wilde, unbezähmbare Seite seiner Persönlichkeit hervorholen kann. Er wird zu der Cartoonfigur seiner Fantasie, die alle Gesetze der Physik auf den Kopf stellt und grenzenloses Chaos in die Welt bringt. Die Maske scheint mit Loki, dem nordischen Gott der List und der Bosheit, in Verbindung zu stehen. Dabei heißt es, die Wikinger hätten die Maske im 11. Jahrhundert auf ihrer Entdeckungsreise nach Amerika ins Meer geworfen.

In der ersten Szene, in der Tina Carlyle zum ersten Mal in dem Film auftaucht, sucht sie bei einem Wolkenbruch in der Bank Zuflucht, in der Ipkiss arbeitet. Als sie sich nach vorn beugt, um ihr Schuhwerk zu richten, fährt die Kamera an sie heran und zeigt ihre Beine, ihr Dekolleté und das hochsymbolische rote Kleid. In dieser Szene sieht man auch, wie sie in Zeitlupe ihr Haar nach hinten wirft – eine Spezialität von Diaz, die sie in *3 Engel für Charlie* (2000) perfektioniert. Obwohl die junge Schauspielerin in dieser Szene von *Die Maske* hinreißend gut aussieht, sollte sie bald ein paar Pfunde verlieren; das geschah hoffentlich auf eigenen Wunsch und nicht durch den Druck, den Hollywood auf weibliche Stars ausübt. Dass Diaz für einige der Tanzschritte bei Tinas großem Auftritt im Coco Bongo gedoubelt wurde oder dass sie nicht selber gesungen hat, ist nicht so wichtig – sie war schließlich noch ganz am Anfang ihrer Karriere.

Ipkiss weiß, dass er bei Tina keine Chance hat. Doch als er die Maske trägt, ändern sich die Dinge, und Stanley zeigt sich plötzlich von einer ganz anderen Seite. Als er Tina im Nachtclub singen sieht, kann er sich nicht im Zaum halten. Sein Unterkiefer fällt fast bis auf den Boden und seine Zunge rollt ihm aus dem Mund. Wie in einem Cartoon treten ihm die Augen wie Stiele aus dem Kopf, und sein Herz schlägt so sehr, dass es aus der Brust heraustritt (nicht wenige von Camerons Fans fühlen genauso wie die Maske!). Tina ist überwältigt von der Tanzeinlage und dem Kuss der Maske und beginnt, Stanley auch ohne Maske zu mögen, weil er sie – anders als Dorian und alle anderen Männer – als Menschen, nicht als »Partygeschenk« behandelt. Sie stellt ihre Verbindung zur Unterwelt infrage. Es fällt ihr auch nicht gerade schwer, weil ihr brutaler, wenn auch wohlhabender Gangsterfreund Dorian (Peter Greene) ein ausgemachter Schurke ist.

Während des dramatischen Showdowns zwischen Stanley und Dorian beweist Tina, dass sie keine hilflose Jungfrau in Nöten ist. Es gelingt dem Schurken, Stanley die Maske zu entreißen, doch Tina legt ihren Exfreund herein, indem sie einen letzten Kuss von ihm verlangt und ihm dabei die Maske vom Gesicht reißt. Als er die Maske wieder trägt, gelingt es Stanley, den Schurken zu überwältigen. In der letzten Szene sieht man Stanley und Tina eng um-

**Auf der Premiere von *Being John Malkovich*
beim Filmfestival in Venedig 1999**

schlungen, während die Maske zurück in den Fluss von Edge City fällt.

Die Produktionsfirma vermarktete *Die Maske* in Deutschland mit dem Untertitel »Von Zero zum Hero.« Cameron Diaz erhielt eine Nennung im Vorspann mit dem Zusatz »introducing«, was für viele junge Filmkarrieren mit einem Todeskuss gleichzusetzen ist – entweder weil die Debütanten größtenteils in ihren Rollen absolut falsch besetzt oder als Schauspieler völlig unbrauchbar sind. Für Cameron Diaz sollte es zum Glück anders laufen. *Die Maske* kam am 29. Juli 1994 landesweit in die amerikanischen Kinos und wurde ein riesiger Erfolg. Allein in den USA spielte der Film 120 Millionen Dollar ein, und nach seinem weltweiten Start kam er auf insgesamt 321 Millionen Dollar. Der enorme Erfolg des Films untermauerte Jim Carreys Status als Superstar. Diaz erhielt drei Nominierungen bei den MTV Movie Awards 1995, jeweils für die beste Darbietung eines Newcomers, für die beste Tanzszene (die sie sich mit Carrey teilte) und für die attraktivste Schauspielerin – nicht schlecht für den Anfang.

Obwohl sich Cameron Diaz sehr gut neben Jim Carrey und den Unmengen von Special Effects behaupten konnte, wurde sie keinesfalls über Nacht zum Star. Manche Kritiker hielten Diaz für ein weiteres Model, das Schauspielerin werden wollte. Auch wenn Cameron gut aussah und Charisma hatte, bezweifelten einige Journalisten, dass sie jemals einen zweiten Film machen würde. Aber nach ein paar kleineren Rückschlägen sollte sie allen Kritikern zeigen, dass sie unrecht hatten. *Die Maske* scheint zwar nicht einer von Camerons Lieblingsfilmen zu sein, aber dennoch war sie für diesen ersten Schritt in die Filmwelt dankbar. 1996 sagte sie in einem Interview, dass sie dem Regisseur Charles Russell und Jim Carrey viel zu verdanken hatte:

»Durch *Die Maske* habe ich die Gelegenheit bekommen, Leute kennenzulernen, die man normalerweise als Anfänger nicht kennenlernt: Filmbosse, Regisseure, Autoren und Produzenten. Ohne den Erfolg eines Films wie *Die Maske* hätte ich wahrscheinlich nicht so viel gutes Material angeboten bekommen.«

DER WEG NACH OBEN

Es wäre einfach für Cameron Diaz gewesen, auf den Erfolg von Die *Maske* aufzubauen und die nächste Rolle als Femme fatale anzunehmen, die ihr geboten wurde. Aber die junge Schauspielerin zog es vor, Hollywood für eine Weile links liegen zu lassen. Ihr fehlte nicht nur Erfahrung im Filmgeschäft, sondern auch Praxis als Schauspielerin, deshalb begab sie sich zunächst in den Independent- und Low-Budget-Bereich der Filmindustrie und betrachtete dies als wertvolles Training.

Allerdings hätte es für Diaz auch ganz anders laufen können, wenn sie für gewisse Rollen nicht abgelehnt worden wäre und sich außerdem nicht verletzt hätte. New Line bot ihr eine Hauptrolle in dem Film *Mortal Kombat* (1995) als sofortige Nachfolge von Die *Maske* an. Zur selben Zeit nahm Cameron an einem Casting für eine große Rolle in dem ungewöhnlichen Thriller Das *Leben nach dem Tod in Denver* (1995) teil. Andy Garcia spielte darin den ehemaligen Kriminellen Jimmy, der

Kapitel 1: Die ersten Jahre

Eine nachdenkliche Cameron Diaz

widerwillig einen letzten »Job« annimmt. Man muss wohl nicht erwähnen, dass alles fürchterlich schiefgeht. In dem Film spielen unter anderem auch Christopher Walken und Steve Buscemi als Mitglieder von Jimmys Gang mit. Diaz sprach für die Rolle der Dagney vor, in die Jimmy verliebt ist. Letztendlich ging die Rolle an Gabrielle Anwar, die zuvor an der Seite von Al Pacino in *Der Duft der Frauen* (1992) mitgespielt hatte. Cameron hatte Glück – trotz größtenteils positiver Kritiken schaffte es *Das Leben nach dem Tod in Denver* nicht, ein Kultfilm wie beispielsweise *Pulp Fiction* oder *Die üblichen Verdächtigen* zu werden.

Diaz hatte zunächst mehr Glück bei *Mortal Kombat*, ebenfalls ein Filmprojekt von New Line nach dem berühmten gleichnamigen Videospiel. Christopher Lambert, der Star aus den *Highlander*-Filmen, übernahm die Hauptrolle des Donnergottes Rayden, der menschliche Kämpfer für ein brutales Turnier zusammentrommeln muss, um die Erde zu retten. Die Produzenten des Films waren begeistert von Camerons Aussehen und ihrer Sportlichkeit, deshalb gaben sie ihr die Rolle der Sonya Blade, Mitglied von Raydens neuem Kampfteam. Kurz vor Drehbeginn brach sich Cameron beim Training für die Kampfszenen das Handgelenk, als sie ihrem Karatelehrer zu heftig auf den Kopf schlug. Da sie die anstrengenden Actionszenen nun nicht mehr drehen konnte, musste sie die Rolle abgeben. New Line holte als Ersatz die Schauspielerin Bridgette Wilson – immerhin hatte sie dieselbe Körpergröße wie Cameron Diaz.

Im Nachhinein hatte Diaz wahrscheinlich Glück gehabt, nicht in *Mortal Kombat* mitgespielt zu haben. Wenn sie eine weitere comicartige Figur so kurz nach *Die Maske* gespielt hätte, wäre sie dadurch wahrscheinlich in die Ecke der Actionrollen gedrängt worden, die nicht unbedingt Schauspielkunst erfordern. Jene Zuschauer, die Cameron nur zu gern in Kampfpose sahen, sollten mit *3 Engel für Charlie* belohnt werden.

Es gab Gerüchte, dass Camerons gesundheitliche Probleme bei *Die Maske* als auch bei *Mortal Kombat* manche Produzenten davon abgeschreckt hätten, sie als Schauspielerin zu buchen. Außerdem munkelte man in diesem Zusammenhang auch, dass sie es sich nicht ausgesucht hätte, ihr Talent in Low-Budget-Filmen zu formen, sondern dass ihr nichts anderes übrig geblieben wäre, als diese Rollen anzunehmen. Geldsorgen hatte Cameron jedoch nicht, da sie immer noch von ihren gut bezahlten Aufträgen als Model leben konnte. Als Nächstes nahm sie eine anspruchsvollere Rolle an und spielte in dem Film *Last Supper – Die Henkersmahlzeit* (1995) von Regisseur Stacy Title mit. In dieser schwarzen Komödie vergiften fünf Studenten autoritäre, rassistische oder faschistische Personen bei einer »Henkersmahlzeit«.

Cameron Diaz war nicht unbedingt an der Thematik oder der Handlung von *Last Supper* interessiert. Sie betrachtete den Film eher als gute Chance, ihre Schauspielkünste ohne den Druck auszubauen, den sie während der Dreharbeiten von *Die Maske* verspürt hatte:

»Ich habe *Last Supper* einfach gemacht, um mit anderen Schauspielern zu arbeiten. Die einzige Schauspielerfahrung, die ich ansonsten hatte, war ja *Die Maske*.«

Cameron in *Last Supper – Die Henkersmahlzeit*

Zu den Hauptdarstellern des Films gehörten neben Diaz auch Jonathan Penner, der gleichzeitig auch Koproduzent und Second-Unit-Director war, Annabeth Gish, *Seinfeld*-Schauspieler Jason Alexander, Charles Durning und Ron Perlman. Für Diaz waren die Dreharbeiten zu *Last Supper* eine angenehme, stressfreie Erfahrung, wie sie in einem Interview verriet:

»Es war eine Zusammenarbeit aller Schauspieler ... ich musste das Gewicht eines Films nicht alleine tragen, und ich konnte viel von wirklich unglaublich begabten Schauspielern lernen, die mir sehr viel geholfen und mich unterstützt haben.«

In *Last Supper* schmieden die fünf Studenten den Plan, Menschen mit radikalem rechts-konservativen Gedankengut auszuschalten. Der erste Mord passiert noch unbeabsichtigt: Als der Truckfahrer Zack von den Studenten zum Essen eingeladen ist, stellt es sich heraus, dass er ein Rassist, Antisemit und Holocaust-Leugner ist. Es kommt zum Streit, bei dem Zack ein Messer zieht und einem Studenten den Arm bricht. Als er überwältigt wird, rammt ihm einer der Studenten das Messer in den Rücken. Nachdem der erste Schock über den Mord verflogen ist, beginnt die Gruppe, positive Seiten an ihrer Tat zu erkennen. Sie beschließen, politisch unliebsame Personen als Gäste zu sich einzuladen und ihnen ihre Henkersmahlzeit zu servieren. Zu den Opfern gehören ein schwulenfeindlicher Priester, der Aids als Gottes Rache an den Schwulen betrachtet,

und eine Abtreibungsgegnerin, die dazu bereit wäre, Ärzte umzubringen, die Abtreibungen vornehmen. Das Ganze wird mit dem Mord an einem Bibliothekar, der einfach nur einen schlechten Geschmack hatte, was klassische Literatur angeht, ad absurdum geführt, und die Ersten in der Gruppe beginnen, ihre Handlungen in Frage zu stellen.

Last Supper ist dabei ein äußerst amüsanter Film – auch wenn das Drehbuch dem schweren Thema nicht immer ganz standhalten kann, sind die Gedanken der Protagonisten doch recht provokativ. Der Film enthält zahlreiche Anspielungen auf die Bibel; so ist nicht zuletzt der Filmtitel eine offensichtliche Anspielung auf das biblische Letzte Abendmahl am Abend vor der Festnahme, Verurteilung und Kreuzigung Jesu Christi.

Der Film wirft eine oft gestellte ethische Frage auf: Wenn es möglich wäre, eine Zeitreise zu machen und den jungen Adolf Hitler zu treffen, bevor er in die Politik ging, wäre es gerechtfertigt, ihn umzubringen? Der Tod eines damals noch unschuldigen Mannes hätte den Aufstieg von Nazi-Deutschland, den Zweiten Weltkrieg und den Holocaust verhindern und Millionen Menschen das Leben retten können. Camerons Figur Jude, eine Psychologiestudentin mit einem Faible für derbe Witze (im Vergleich zu *Verrückt nach Mary* sind diese aber recht harmlos), hat darauf eine einfache Antwort: »Ich würde den Scheißkerl umbringen. Ganz langsam.«

Zuerst scheint Jude genauso locker mit den mittlerweile gar nicht mehr hypothetischen Morden umzugehen wie ihre Freunde; sie beendet sogar neben einem gerade verblichenen Gast in Ruhe eine Mahlzeit. Als sie jedoch später unbeholfen ein Küchenmesser aus dem Rücken eines Opfers zieht, sieht sie nicht mehr ganz so cool aus. Als sie wiederum später die Gräber der Opfer mit Blumen bepflanzt, hat sie Tränen in den Augen. Als die Gruppe ein naives Teenagermädchen umbringen will, weil es an Familienwerten festhält und Sexualkunde in der Schule ablehnt, ist es Jude, die den mittlerweile fanatisch gewordenen Luke zwingt, einen Rückzieher zu machen. Camerons schmerzvolle, intensiv gespielte Darbietung lässt vermuten, dass sie ihrer Figur mehr Tiefe gab, als das Drehbuch vorgesehen hatte.

Das angedeutete, überraschende Ende lässt vermuten, dass dem studentischen Exekutionskommando ebenfalls eine Henkersmahlzeit droht – man achte genau auf die letzte Zeichnung, die in dem Film auftaucht.

Obwohl Camerons Name im Vorspann als erster auftaucht, ist sie nicht der alleinige Star des Films, in *Last Supper* steht das gesamte Schauspielerensemble im Mittelpunkt.

Last Supper feierte seine Premiere am 8. September 1995 beim Toronto Film Festival, kam in den USA aber erst am 5. April 1996 in die Kinos und spielte nur 443.000 Dollar an den Kinokassen ein. Das deutsche Publikum musste sogar bis zum 27. Februar 1997 warten, was ein sicheres Zeichen dafür war, dass die Filmverleiher nicht an den Erfolg des Filmes glaubten.

Da sich Cameron Diaz nur noch aufs Filmemachen konzentrierte, gab es auch einige bedeutende Veränderungen in ihrem

She's The One – Eine fürs Leben

Privatleben. 1995 beendete sie ihre Beziehung mit Carlos de La Torre, nachdem die beiden fünf Jahre lang »semi-verlobt« waren. Kurz nach der Trennung fing Diaz ein Techtelmechtel mit ihrem Schauspielerkollegen George Clooney an, der damals gerade durch die Krankenhausserie *Emergency Room – Die Notaufnahme* äußerst erfolgreich geworden war. Clooneys große Karriere als Kinostar begann gerade erst mit dem Vampir-Kultfilm *From Dusk Till Dawn* (1995). Weder Diaz noch Clooney waren damals auf der Suche nach einer festen Bindung, und so endete ihre Beziehung nach nur drei Monaten in aller Freundschaft.

Auch wenn *Last Supper* an den Kinokassen kein Knaller war, zeigte der Film, dass Cameron Diaz das Talent zur Schauspielerin hatte. Er zeigte auch, dass sie eher daran interessiert war, in guten Filmen mitzuspielen, als kurzlebige Berühmtheit zu erlangen. Ihr dritter Film *She's The One – Eine fürs Leben* (1996) ließ darauf schließen, dass Cameron sogar mit mittelmäßigem Material gut klarkam. Das Drehbuch behandelt die auf absurde Weise verworrenen Liebesgeschichten der irischstämmigen, katholischen New Yorker Arbeiterfamilie Fitzpatrick. Das klingt zwar nach einer guten Idee, aber der Film ist weder so ausgeklügelt noch so scharfsinnig, wie er gern sein möchte. Cameron spielte bei diesem Film ihre erste Rolle als absolute Oberzicke und lieferte trotz des schwachen Drehbuchs eine tolle Darbietung ab.

Edward Burns, Autor, Regisseur und Star von *She's The One – Eine fürs Leben*, hatte zuvor bereits mehr oder weniger dasselbe Thema bei seinem Debütfilm *Kleine Sünden unter Brüdern* (1995) behandelt, der ein Achtungserfolg wurde. Burns rekrutierte für *She's The One* neben Mike McGlone und Maxine Bahns, die beide schon in Burns' Debütfilm mitgespielt hatten, bekanntere Gesichter wie Cameron Diaz, *Friends*-Star Jennifer Aniston und John Mahoney, den Co-Star aus *Frasier*. Hollywood-Legende Robert Redford war der Koproduzent und sicherte dem Film ein Budget von vergleichsweise bescheidenen 3,5 Millionen Dollar sowie einen Vertrag mit dem Filmgiganten Twentieth Century Fox.

Burns spielt Mickey Fitzpatrick, den wahrscheinlich einzigen hellhäutigen, englisch sprechenden Taxifahrer in New York. In bester – oder vielleicht in schlechtester – Märchentradition nimmt er einen Fahrgast mit, die verführerische Hope (Bahns), und lässt sich mit ihr auf eine stürmische Romanze ein. Innerhalb von 24 Stunden sind die beiden verheiratet, obwohl sie sich so gut wie gar nicht kennen. Mickeys jüngerer Bruder Francis (McGlone), ein ehrgeiziger Börsenmakler an der Wall Street, ist ein unglaublicher Widerling, Workaholic und Kontrollfreak, absolut besessen von Geld und Statussymbolen. Francis' Arbeitswahn scheint seiner Ehe mit der wunderbaren Renee (Jennifer Aniston) nicht gut zu tun. Das nicht existierende Sexleben des

Cameron Diaz

She's The One – Eine fürs Leben

Paares ist der Grund dafür, dass Francis fremdgeht. Renee, davon überzeugt, dass Francis »schwul geworden« sei, vergnügt sich aus diesem Grunde mit einem Vibrator. Es hat etwas leicht Subversives, wenn Aniston offen über Sex spricht – im Unterschied zu ihrer Rolle als biedere Rachel in *Friends* –, aber leider wird diese Idee im Film bis zur Langeweile ausgereizt.

Burns gab Diaz die Rolle der Heather Davis, Mickeys Exverlobte und Francis' aktuelles Liebesabenteuer. Schon bevor Heather auf der Leinwand erscheint, wissen die Zuschauer, dass sie kein liebenswürdiger Mensch ist, sondern eine kalte Herzensbrecherin. Weil sie Mickey fremdgegangen ist, hat sie bei ihm eine Krise ausgelöst, die dazu führte, dass er drei Jahre ziellos durch das ganze Land gefahren ist.

Als Diaz das Drehbuch zu *She's The One* las, war sie sofort von Heather angetan: »Ich mochte sie sofort, sogar das Abwegige an ihr.« Gleichzeitig fand sie, dass der Figur Tiefe und Sympathie fehlte. »Ich dachte, wenn Mickey diese Frau lieben konnte, muss sie etwas Liebenswertes an sich haben.« Edward Burns gab zu, dass Diaz die Figur auf eine neue Ebene gebracht hatte, aber trotzdem bleibt Heather im fertigen Film ein höchst unsympathischer Mensch.

She's The One kam im August 1996 in die amerikanischen Kinos, der deutsche Start war im November. In den USA spiel-

te der Film 9,5 Millionen Dollar ein, was sich nicht gerade beeindruckend anhört, aber immerhin brachte er einen kleinen Gewinn ein. Einige Filmkritiker waren über den chauvinistischen Unterton von *She's The One* verärgert und hielten ihn gerade in Bezug auf Camerons Figur Heather für frauenfeindlich. Die Zeitschrift *Empire* dagegen fand nichts Negatives an dem Film und beschrieb ihn als »unbekümmerten Zeitvertreib«. Ein Reporter der *Toronto Sun* behauptete, dass anstelle der bekannteren Jennifer Aniston eher Diaz diejenige war, auf die man achten sollte: Unter der »Schar von aufstrebenden jungen Femme fatales aus Hollywood« sah es so aus, als würde Diaz eine ernstzunehmende Konkurrentin für große Namen wie Julia Roberts, Demi Moore und Sandra Bullock werden. Ein paar Jahre später sollte Cameron bereits zwei der drei Schauspielerinnen überholt haben.

Cameron Diaz lieferte mit ihrem nächsten Film *Minnesota* (1996) eindeutig ein anspruchsvolleres Werk ab. Der Film war eine Co-Produktion zwischen New Line (den Produzenten von *Die Maske*) und Jersey Films, der Produktionsgesellschaft des Schauspielers Danny De Vito, die zuvor schon an *Pulp Fiction* (1994) beteiligt gewesen war.

De Vito war bei *Minnesota* ausführender Produzent neben Stacey Sher, der Regisseurin von *Last Supper*. Diaz und Sher waren gut miteinander klargekommen, und so hatte Sher der jungen Schauspielerin bei ihrer ersten »richtigen« Rolle geholfen. Cameron sagte dazu:

»Ich wäre nie in der Lage gewesen, *Minnesota* zu machen, wenn ich nicht *Last Supper* gemacht hätte. Ich hätte total versagt, und man hätte mich vom Set gejagt.«

Der frühere Schauspieler Steven Baigelman hatte das Drehbuch zu *Minnesota* geschrieben und gab bei dem Film sein Debüt als Regisseur. Neben Diaz spielten hier auch Keanu Reeves, Vincent D'Onofrio, Skandalsängerin Courtney Love und der alternde Witzbold Dan Aykroyd mit. Keanu Reeves war für Diaz der erste große Co-Star seit Jim Carrey zwei Jahre zuvor. Nach dem Kassenschlager *Speed* (1994) war Reeves' Kinokarriere ein wenig eingeknickt, aber mit *Matrix* (1999) würde er zu den größten Schauspielern Hollywoods gehören. Reeves hatte zuvor 11 Millionen Dollar für die Fortsetzung *Speed 2: Cruise Control* (1997) abgelehnt, was sich als kluge Entscheidung herausstellen sollte. Reeves hatte vermutlich einem Vorsprechen für *Minnesota* zugestimmt, weil er annahm, dass ihm ein Schritt weg von den Blockbuster-Filmen mit hohem Budget und noch höheren Erwartungen guttun würde. Seine Teilnahme an dem Projekt sicherte dem Film die nötige Finanzierung. Da Cameron Diaz erst drei Filme gedreht hatte, war ihr Name noch nicht groß genug, um für die Geldgeber reizvoll zu sein.

Diaz beschrieb die Produktion von *Minnesota* als angenehm und auch lehrreich: »Ich habe so viel gelernt ... Ich schätze mich so glücklich, dass ich ein Teil des Films sein darf.« Im Gegensatz zu Jim Carrey hatte Keanu Reeves ein echtes Problem mit seinem Status als Hollywoodstar. Diaz sagte: »Jim gehört zu der Sorte Schauspieler, die durch die Bewunderung der Fans richtig aufblühen. Aber Keanu hat Angst davor, es ist ihm peinlich.«

Cameron Diaz

Diese und nächste Doppelseite:
Szenen aus *Minnesota*

Kapitel 1: Die ersten Jahre

Cameron Diaz

Seine Fans spürten den Drehort von *Minnesota* auf, was bei dem Schauspieler ein flaues Gefühl in der Magengegend verursachte. Diaz konnte sehen, dass ihr Filmpartner ein Problem mit dieser ungewollten Aufmerksamkeit hatte: »Jeden Morgen standen da draußen auf der Straße Dutzende von jungen Mädchen hinter der Absperrung, die hofften, einen Blick von ihm auffangen zu können ...«

Während der Dreharbeiten fing Cameron eine Beziehung mit einem der anderen Hauptdarsteller, Vincent D'Onofrio, an. Auch wenn ihre Liaison nur von kurzer Dauer war, brachte D'Onofrio der jungen Schauspielerin sehr viel über die Schauspielkunst bei. Cameron sagte:

»Vincent war der beste Schauspielcoach, den ich jemals hatte. Er hat mir Selbstvertrauen gegeben und brachte mir bei, wie man auf eine Figur von innen heraus herangeht.«

Diaz lernte zu dieser Zeit auch den Schauspieler Matt Dillon kennen, der gerade ganz in der Nähe den Film *Beautiful Girls* (1996) drehte. Dillon war zu Beginn seiner Karriere als Teenidol gefeiert worden und hatte sich zu einem starken Charakterdarsteller entwickelt. Cameron und er wohnten damals im gleichen Hotel, und die Schauspielerin spürte gleich eine starke Verbindung zwischen ihnen. Da sich beide in festen Beziehungen befanden, ergab sich nichts Weiteres aus dieser ersten Begegnung. Ein Jahr später sah die Sache aber schon ganz anders aus, wie Diaz einem Reporter erklärte: »Zwischen uns gab es sofort diese gegenseitige Anziehungskraft, also könnte man sagen, dass es Liebe auf den zweiten Blick war.«

Minnesota, 1996

genau weiß, aus welchem Grund Freddie bei Red Schulden hat.

Diaz betrachtet Freddie als die wahre Heldin des Films: »Sie ist die Klügste von allen ... so stark und einfach unglaublich zielstrebig.« Allein in einer feindseligen Welt hat Freddie gelernt, absolut selbstständig zu sein, und jetzt ist es für sie fast unmöglich, jemandem zu vertrauen oder sich auf irgendwen zu verlassen. Doch anders als Jjaks glaubt Freddie immer noch an den amerikanischen Traum, zumindest an ihre eigene Vorstellung davon. Sie möchte, angetrieben durch eine idealisierte Kindheitserinnerung an das kitschige Glücksspiel-Mekka, eine berühmte Sängerin in Las Vegas werden. In Camerons Augen kämpft Freddie gegen ihre Gefühle für Jjaks, aber sie kann dieser »verrückten Sache, die man Liebe nennt« nicht entfliehen.

Jersey Films und New Line zogen es vor, *Minnesota* auf der Welle des Erfolgs von Quentin Tarantino zu vermarkten: »Ein verrücktes Liebesabenteuer von den Produzenten von *Pulp Fiction*«. Der Film lief im September 1996 in den amerikanischen Kinos an und spielte dort insgesamt nur 3 Millionen Dollar ein. Obwohl die Kritiker den Film gelobt hatten, blieb er ein Geheimtipp.

Koproduzentin Stacey Sher erklärte, dass die Figuren in *Minnesota* versuchten, »die kleinen Teile ihres zerbrochenen amerikanischen Traumes wieder zusammenzusetzen.« Sher beschrieb den Film auch als »Liebesgeschichte über zwei Menschen, die Angst davor haben, sich zu verlieben.« Cameron spielt die ehemalige Stripperin Freddie, die den Kleinkriminellen Sam (D'Onofrio) heiraten soll, weil sie bei Sams Boss, dem Clubbesitzer Red (Delroy Lindo), noch Schulden hat. Am Tag ihrer Hochzeit verliebt sie sich jedoch in Sams Bruder, den ehemaligen Häftling Jjaks (Reeves).

Schon bald sind Freddie und Jjaks auf der Flucht vor Sam, Red und der Polizei, wobei der Zuschauer immer noch nicht

Diaz stand kurz darauf wieder vor der Kamera, dieses Mal für die schwarze Komödie *Kopf über Wasser* (1996). Wie *Minnesota* wurde auch dieser Film von der Produktionsfirma Fine Line übernommen, dem New-Line-Ableger für anspruchsvolles Kino. In einem Interview erklärte sie, warum sie nur Rollen in Low-Budget-Produktionen fernab vom Mainstream annahm: »Ich wusste einfach, dass ich weiter als Schauspielerin arbeiten wollte, und deshalb musste ich mehr über die Schauspielerei lernen. Aus diesem Grund habe ich diese kleineren Produktionen ausgewählt.«

Kopf über Wasser ist ein Remake des norwegischen Films *Ferien mit einer Leiche* (1993) von Nils Gaup. Die Handlung ist recht makaber: Das ehemalige Partygirl Nathalie verbringt mit ihrem wesentlich älteren Mann George (Harvey Keitel), einem berühmten und erfolgreichen Richter, ein paar Tage auf einer Insel vor der Küste von Maine. Dort lebt auch Lance (Craig Sheffer), den Nathalie noch aus Kindheitstagen kennt und der sich um das Ferienhaus des Paares kümmert. Eines Abends, als George und Lance angeln sind, bekommt Nathalie unerwartet Besuch von ihrem Exfreund Kent Draper (Billy Zane). Nach einer durchzechten Nacht liegt Kent plötzlich tot neben ihr im Ehebett.

Nathalie muss sich entscheiden, wem sie vertrauen kann: George oder Lance. Es wird schnell deutlich, dass sie die Einzige ist, die noch halbwegs bei Sinnen ist. Der Zuschauer erfährt, dass George, der in seinen unansehnlichen kurzen Hosen aussieht wie ein Pfeife rauchender Trottel, in der Vergangenheit Nathalies Exfreund Kent mit Feuerzeugbenzin übergossen und ihm gedroht hat, ihn bei lebendigem Leibe zu verbrennen, wenn dieser nicht seine Finger von Nathalie lassen würde.

Als Nathalie George beichtet, was vorgefallen ist, scheint dieser sich nur um die möglichen Schlagzeilen zu sorgen: »Nackter Ex-Lover tot bei eifersüchtigem Richter gefunden.« George dreht durch. Er greift zu einer Kettensäge, zerstückelt

die Leiche und versteckt die Teile in einem frisch zementierten Fundament der Gartenlaube. Harvel Keitel, einer der besten Charakterdarsteller Hollywoods, der mit Kinohits wie *Reservoir Dogs*, *Pulp Fiction* und *From Dusk Till Dawn* große Erfolge feierte, beweist hier eindrucksvoll, dass er auch in Screwball-Komödien glänzen kann. Cameron Diaz zeigte nach *Last Supper* auch hier, dass sie mit dem Genre der schwarzen Komödie bestens klarkam – das sahen die Produzenten von *Verrückt nach Mary* und *Very Bad Things* wahrscheinlich genauso.

Lance ist in Wirklichkeit aber auch nicht besser als George, obwohl man ihn zunächst eigentlich für einen normalen Kerl hält. In Wirklichkeit ist er verrückt

Cameron Diaz

Cameron 1996 in *Kopf über Wasser*

nach Nathalie, seine Gefühle für sie übersteigen ihre platonische Freundschaft. Als Nathalie plötzlich erkennt, dass ihr Ehemann hinter dem Tod von Kent steckt, muss auch sie um ihr Leben fürchten.

Kopf über Wasser feierte seine USA-Premiere im Juni 1997, seltsamerweise ein halbes Jahr später als in Deutschland. Anscheinend hatten weder New Line noch der Verleih Warner Bros. großes Interesse an der Vermarktung des Films, und nach nur kurzer Zeit war der Film wieder aus den Kinos verschwunden.

Trotz dieser Enttäuschung ging es für Cameron Diaz steil bergauf. Viele Kinogänger hatten sie zwar seit *Die Maske* nicht mehr im Kino gesehen, aber trotzdem wurde Diaz von Insidern der Filmindustrie eine große Karriere vorausgesagt.

1996 erhielt Cameron den ShoWest Convention Award in der Kategorie »Vielversprechendste Schauspielerin«, ausgewählt von der amerikanischen Vereinigung der Kinobesitzer, der National Association Of Theatre Owners. In der Vergangenheit waren schon Schauspielerinnen wie Nicole Kidman, Winona Ryder sowie die britische Darstellerin Julia Ormond mit dem Preis ausgezeichnet worden.

Nach einem Gastauftritt als Sprecherin für die Zeichentrickserie *Space Ghost Coast To Coast* nahm Cameron Diaz eine kleine Nebenrolle in dem Film *Keys To Tulsa* (1997) an. Ihre Rolle als Trudy beschränkt sich auf die erste Szene des Filmes und dauert ungefähr drei Minuten. Obwohl die Kritiken nicht schlecht waren, wurde *Keys To Tulsa* ein Flop.

Kapitel 2:

Verrückt nach Cameron

Nach drei Jahren und sechs Filmen hatte sich Cameron bereits fest in der Filmwelt etablieren können, obwohl diese Branche für ihre Härte bekannt ist. Was Cameron jetzt brauchte, war ein Kassenschlager – ein Film, der sie zurück in den Mainstream brachte. *Die Maske* sollte schon bald in Vergessenheit geraten, und eine Reihe von Rollen in skurrilen Independent-Produktionen würde ausschließlich zu weiteren Filmangeboten dieser Art führen. Cameron hatte sorgfältig ihre Hausaufgaben gemacht, jetzt war es an der Zeit für größere Aufgaben – auch wenn das grausamen Karaoke-Gesang mit sich bringen sollte.

Drei Jahre nach *Die Maske* kehrte Cameron Diaz mit *Die Hochzeit meines besten Freundes* (1997) zurück zum Hollywood-Mainstream. Julia Roberts spielte die Hauptrolle in diesem von Columbia TriStar produzierten Film, der insgesamt ein Budget von 48 Millionen Dollar hatte – der teuerste Film, in dem Diaz bis dahin mitgespielt hatte. Die Komödie war auf Julia Roberts zugeschnitten, aber Diaz und Co-Star Rupert Everett brillierten in ihren Rollen und stahlen Roberts fast die Show.

Durch *Die Hochzeit meines besten Freundes* wurde Cameron Diaz dem Multiplex-Publikum wieder ins Gedächtnis gerufen, aber auch für Julia Roberts erwies er sich als Comeback-Film. Ihre zuvor glänzende Filmkarriere befand sich Mitte der Neunziger nach einer Reihe von Flops auf dem Tiefpunkt: Beispielsweise waren *Nichts als Ärger* (1994), *Prêt-à-Porter* (1994) und *Mary Reilly* (1996) an den Kinokassen untergegangen. Nebenrollen in Neil Jordans *Michael Collins* (1996) und Woody Allens *Alle sagen: I love you* (1996) bekamen zwar größtenteils positive Kritiken, aber dennoch musste Roberts beweisen, dass sie immer noch einen Treffer als Hauptdarstellerin landen konnte.

Neben Roberts, Diaz und Everett spielt in dem Film auch Dermot Mulroney eine der Hauptrollen, ein erfolgreicher Filmschauspieler, der – wie Diaz nach *Die Maske* – bis dahin eher in kleineren Independent-Produktionen mitgespielt hatte. Zu seinen wenigen Blockbuster-Filmen zählten *Bad Girls* (1994) mit Drew Barrymore und *Copycat* (1995) mit Sigourney Weaver, die allerdings beide keine großen Erfolge waren. Der Australier P. J. Hogan, der zuvor einen internationalen Hit mit der schwarzen Komödie *Muriels Hochzeit* (1994) gelandet hatte, führte bei *Die Hochzeit meines besten Freundes* Regie. Hogan gab auch Rachel Griffith, dem Co-Star aus *Muriels Hochzeit*, eine Rolle in seinem neuen Film: Griffith spielte eine von Camerons zickigen Cousinen.

Vorherige Seite: Cameron als Gast bei *Wetten, Dass..?*
Rechts: An der Seite von Julia Roberts in *Die Hochzeit meines besten Freundes*

Die Rückkehr zu einer groß aufgezogenen Produktion mit großem Budget öffnete Cameron wahrlich die Augen: Julia Roberts' Anwesenheit sorgte dafür, dass zahlreiche Paparazzi am Drehort vertreten waren, die darauf hofften, ein exklusives Foto von dem Star schießen zu können. Columbia ordnete für die Dreharbeiten höchste Sicherheit an und verwies jeden vom Set, der keinen speziellen Ausweis dafür hatte. Cameron war an eine gelassenere Arbeitsatmosphäre gewöhnt, und sie beneidete Julia Roberts nicht um ihren Superstarstatus. Laut Diaz hatte Roberts auch Angst vor Stalkern, was ihre Bewegungsfreiheit jenseits des Sets noch weiter einschränkte. Cameron sagte:

»Ich bin froh, dass ich nicht in der Position bin, in der sich Julia befindet. Dadurch wird man in seinem Privat- und auch Berufsleben so sehr eingeschränkt ... Julia ist wie eine exotische Pflanze, die nur unter einer Schutzhaube existieren darf ... Das ist doch kein Leben!«

Bei einem Interview, das zur Zeit der Dreharbeiten geführt wurde, überschüttete Cameron Diaz Julia Roberts mit Lob: »Ich finde, sie ist unglaublich hübsch ... Ich sehe sie sehr gern an ... Sie ist einfach verdammt umwerfend.« Diaz verehrte auch die Arbeitseinstellung ihrer Filmpartnerin, weil Roberts durch ihre gute Laune und ihre Unbekümmertheit eine gute Atmosphäre am Set schuf: »Sie versucht so sehr, dass jeder am Set fröhlich ist und lacht. Sie ist richtig witzig, und sie lacht sehr oft.«

Julia Roberts hingegen verehrte die Energie und den Enthusiasmus ihres Co-Stars und beschrieb Cameron Diaz als ausgelassen und fröhlich. Dermot Mulroney fand zumindest Camerons Fahrkünste etwas zu ausgelassen und schwor nach einer Fahrt mit ihr, dass er nie wieder zu ihr ins Auto steigen würde.

Die Hochzeit meines besten Freundes ist eine komische Variante der altbekannten Dreiecksbeziehung. Julia Roberts spielt Julianne »Jules« Potter, eine erfolgreiche Restaurantkritikerin und Autorin aus New York. Jules ist fast 28 und leidet unter einer verfrühten Midlife-Crisis, als ihr alter Freund, der Sportjournalist Michael O'Neal (Mulroney), ankündigt, in den nächsten Tagen heiraten zu wollen. Jules und Michael sind seit fast zehn Jahren beste Freunde, aber zuvor waren beide auch mal ein glückliches Paar, bis Jules die Beziehung beendet hatte. Sie hatte damals Angst vor Nähe und Verpflichtungen und konnte einfach nicht mit der Liebe eines tollen Mannes umgehen. Aber durch die Nachricht der Hochzeit erkennt sie, dass sie viel mehr als nur Freundschaft für Michael empfindet.

Um die anstehende Hochzeit zu sabotieren und Michael »zurückzugewinnen«, muss Jules die Braut Kimberly Wallace (Diaz) in Misskredit bringen. Als sie den Plan mit ihrem Freund und Vertrauten, dem schwulen George Downes (Everett), bespricht, sagt Jules: »Es geht hier um das Glück meines Lebens! Ich muss rücksichtslos sein.« Sie fasst es etwas schnippischer noch besser zusammen, als sie sagt: »George, sie ist erledigt!« Rupert Everett liefert eine beeindruckende Darbietung in dem Film ab – elegant, humorvoll und sympathisch – in einer Rolle, die leicht zur Karikatur hätte werden können. Everetts Figur war bei Testvorführungen so

Kapitel 2: Verrückt nach Cameron

Die Hochzeit meines besten Freundes, 1997

beliebt gewesen, dass die Produzenten zusätzliche Szenen mit dem Schauspieler drehen ließen.

Man sieht Camerons Figur Kimberly, kurz Kimmy, zum ersten Mal, als sie am Flughafen in einem ärmellosen, kurzen gelben Kleid wartet und nervös an ihren Haaren und an ihrem Kleid zupft. Kimmy umarmt die sichtlich verdutzte Jules herzlich; Kimberlys steinreicher Vater hat eine viertägige Hochzeitsfeier organisiert, und Kimberly möchte, dass Jules ihre Trauzeugin ist.

Jules' erster Versuch, Kim zu demütigen, findet in einer Karaoke-Bar statt, weil sie weiß, dass diese überhaupt nicht singen kann. Sie zwingt die Konkurrentin dazu, sich am Mikrofon zu beweisen; Kim beißt jedoch die Zähne zusammen, singt sich durch eine unglaublich schiefe Version des Burt-Bacharach-Klassikers *I Just Don't Know What To Do With Myself* und gewinnt die Sympathie des Publikums. Diaz gelingt es, Kims nackte Angst überzeugend darzustellen; die Schauspielerin behauptete, sie wisse aus eigener Erfahrung, wie man sich in so einer Situation fühlt, da sie selbst schon einmal eine Karaoke-Anlage durch ihren schiefen Gesang zerstört habe. Diaz fand die Dreharbeiten zu dieser Szene in wenigstens einer Hinsicht hilfreich: »Nach der Karaoke-Szene gibt es nichts mehr, womit ich mich noch lächerlich machen kann.« Sie sollte später eine ähnliche Szene in *3 Engel für Charlie* spielen, wo ihre Figur mit seltsamen Tanzeinlagen ver-

Die Hochzeit meines besten Freundes

sucht, die Zuschauer der Fernsehsendung *Soul Train* für sich zu gewinnen.

Jules lässt nichts unversucht, um Michael von der Hochzeit abzubringen, jedoch gehen alle ihre Pläne nach hinten los und bringen Michael und Kimmy nur noch näher zusammen. Erstaunlicherweise wird *Die Hochzeit meines besten Freundes* am Schluss nicht zu einer schnulzigen Liebesgeschichte, was man bei Filmen dieser Art eigentlich erwartet hätte. Ein Filmkritiker beschrieb es so: »Pointierte Wortgefechte und die überdrehte Situationskomik heben diese quirlige Eifersuchts-Studie aus der Masse romantischer Love-Storys heraus.«

Die Hochzeit meines besten Freundes kam im Juni 1997 in die amerikanischen Kinos und lief in Deutschland etwa ein halbes Jahr später an. Er gehörte zu den erfolgreichsten Filmen des Jahres und spielte weltweit insgesamt 270 Millionen Dollar ein. Camerons beeindruckende Darbietung blieb nicht unbemerkt: 1998 erhielt sie eine Nominierung für einen Golden Satellite Award in der Kategorie »Beste Darbietung einer Schauspielerin in einer Nebenrolle eines Spielfilms – Komödie oder Musical.« Noch besser war, dass Diaz ihren ersten Blockbuster Entertainment Award überreicht bekam, für den sie in der Kategorie »Beste Schauspielerin in einer Nebenrolle – Komödie« nominiert war. Der Erfolg von *Die Hochzeit meines besten Freundes* führte auch dazu, dass Cameron von immer mehr Leuten auf der Straße erkannt wurde. Bei einem Interview mit der *Toronto Sun* schien sie mit dem neuen Bekanntheitsgrad spielend fertig zu werden:

»Zweieinhalb Jahre lang sagten die Leute: ›Kennen wir uns nicht? Du kommst mir irgendwie bekannt vor. Sind wir zusammen zur Schule gegangen?‹ Dann kam *Die Hochzeit meines besten Freundes* in die Kinos, und jeder sagte: ›Oh, du bist ja Cameron Diaz!‹ Das hatte sich innerhalb von einer Woche geändert.«

Viel wurde von Camerons nächstem Projekt *Lebe lieber ungewöhnlich* (1997) erwartet, dem Film des Teams um den britischen Regisseur Danny Boyle. Zusammen mit Produzent Andrew Macdonald, Autor John Hodge und Hauptdarsteller Ewan McGregor hatte Boyle bereits mit seinen ersten beiden Filmen *Kleine Morde unter Freunden* (1994) und *Trainspotting – Neue Helden* (1995) großen Erfolg gehabt. Da besonders *Trainspotting* damals als Maßstab des neuen britischen Kinos galt, musste Boyle nun etwas Adäquates nachliefern und setzte bei seinem neuen Werk sozusagen Himmel und Hölle in Bewegung. Der Film wurde von Polygram sowie dem britischen Fernsehsender Channel 4 produziert und musste mit einem Budget von 12 Millionen Dollar auskommen. Cameron Diaz und Ewan McGregor waren die Hauptdarsteller, wobei Diaz die Hauptrolle der Millionärstochter Celine Naville übernahm, die mehr oder weniger zufällig ihre eigene Entführung in die Hand nimmt. McGregor und Diaz wurden von einer starken Besetzung der Nebenrollen gestützt, unter anderem durch Holly Hunter, Delroy Lindo (der Co-Star aus *Minnesota*) sowie dem britischen Schauspieler Ian Holm. Die beiden Hauptdarsteller kamen während der Dreharbeiten sehr gut miteinander aus, was dem fertigen Film auch deutlich anzumerken ist. Cameron fand, dass die Chemie zwischen ihr

Cameron Diaz

Szene aus *Lebe lieber ungewöhnlich*

und McGregor einfach stimmte und dass es die beste Zusammenarbeit war, die sie bisher erlebt hatte: »Ich glaube, wir haben in den zwei Monaten nur gelacht. Ewan ist ein bemerkenswertes Talent. Alles, was er vor der Kamera macht, ist so ehrlich und glaubwürdig.« Regisseur Danny Boyle hatte das Gefühl, dass Diaz und McGregor von ihren starken familiären Bindungen profitierten:

»Ich glaube, dass Cameron und Ewan so gut miteinander klarkamen, lag daran, dass sie beide aus Familien mit einem sehr starken Zusammenhalt kommen. Sie werden beide von ihren Familien geliebt und sind deswegen vollkommen in sich.«

Der Film beginnt im Himmel, genauer gesagt im Büro von Erzengel Gabriel. Weil es auf der Erde zu wenig Liebespaare und zu viele Scheidungen gibt, beauftragt Gabriel die beiden Engel O'Reilly (Hunter) und Jackson (Lindo), ein Liebespaar zusammenzuführen – allerdings ist das keine leichte Aufgabe, weil die beiden betreffenden Menschen nicht ungleicher sein könnten. Sollten O'Reilly und Jackson scheitern, dürfen sie nicht mehr in den Himmel zurück. Cameron Diaz spielt die verwöhnte Celine, die zu Beginn des Films in einem großen Swimmingpool ihre Runden dreht. Celine schießt aus Langeweile mit einer scharfen Waffe auf einen Apfel, der auf dem Kopf ihres Butlers Mayhew liegt. Zur gleichen Zeit am anderen Ende des sozialen Spektrums sieht man den Hausmeister Robert Lewis (McGregor), der einen ganz

miesen Tag erwischt hat: Zuerst wird er von Celines Vater, seinem Boss (Holm), entlassen, seine Freundin brennt mit einem Aerobic-Lehrer durch und er verliert zudem seine Wohnung und sein Auto. Als er seine Wiedereinstellung erzwingen will, geht alles schief und plötzlich befindet er sich auf der Flucht – mit der Tochter seines Ex-Bosses als Geisel. Da er aber nicht einmal einen guten Kidnapper abgibt, nimmt Celine die Zügel selbst in die Hand.

Diaz zeigt während des ganzen Films eine beherzte Darbietung, besonders was die komischen Elemente des Films betrifft. Ihre Figur Celine ist stärker, klüger, durchsetzungsfähiger und selbstbewusster als der weiche Robert.

Celine verrät ihm, dass sie bereits Erfahrungen mit Entführungen hat, im Alter von zwölf Jahren wurde sie zum ersten Mal gekidnappt und ihr Vater zögerte die Bezahlung des Lösegeldes damals sechs Wochen hinaus, was auf eine wahrlich gestörte Beziehung zwischen den beiden schließen lässt.

Glanzmoment von *Lebe lieber ungewöhnlich* ist sicherlich die Szene, in der Celine Robert die Grundlagen des Kidnappings beibringen muss. Beide stehen in einer Telefonzelle gedrängt, und Celine erklärt Robert, wie er den Drohanruf auszuführen hat. Nachdem Robert auch hier versagt, gibt Celine auf: »Du bist der schlechteste Kidnapper, den ich je gesehen habe!« Erschwerend kommt hinzu, dass Celines Vater und sein Butler Mayhew die Entführung ohne Lösegeldzahlung beenden wollen und planen, Robert umzubringen.

Auch in diesem Film legt Cameron eine Karaoke-Darbietung an den Tag – im Duett mit McGregor und vor allem wesentlich besser als in *Die Hochzeit meines besten Freundes*.

Im Abspann des Films sieht man Robert und Celine als Figuren aus Knetmasse, wie sie sich das verloren geglaubte Lösegeld schnappen und nach Schottland in ein Schloss ziehen. Dieser zweitklassige Ausflug ins *Wallace & Gromit*-Universum ist recht überflüssig, und Cameron Diaz ist als animierte Knetfigur nicht gerade gut getroffen. *Lebe lieber ungewöhnlich* war ein bis aufs letzte Detail durchgestylter Kinofilm (abgesehen von McGregors Frisur) und wird von mitreißenden Songs von damals aktuell angesagten Künstlern wie Underworld, The Prodigy, Orbital, Beck, Ash und Oasis begleitet.

Lebe lieber ungewöhnlich startete in den USA im Oktober 1997, in Deutschland im Januar 1998 und spielte nicht einmal die Produktionskosten ein. Die britische Zeitschrift *Time Out* lobte jedoch Camerons beherzte Darbietung: »Sie sprüht vor Temperament und gibt dem Film mehr als nur einmal Starthilfe.« Andere Filmkritiker fanden nicht so positive Worte für den Film, und obwohl *Lebe lieber ungewöhnlich* an den Kinokassen floppte, hielt Cameron Diaz an dem Film fest. Sie vermutete später, dass es dem Streifen wohl viel besser getan hätte, wenn er nur in ausgewählten Kinos gelaufen wäre und durch Mundpropaganda langsam ein Publikum gefunden hätte. Immerhin wurden Diaz und McGregor 1998 bei den MTV Movie Awards in der Kategorie »Beste Tanzszene« nominiert – sie gingen jedoch leer aus.

Cameron Diaz stand nach *Lebe lieber ungewöhnlich* gleich wieder vor der Kame-

ra, dieses Mal für die Leinwandadaption von Hunter S. Thompsons Roman *Fear And Loathing In Las Vegas* (1998). Der Regisseur des Films war Terry Gilliam, ehemaliges Monty-Python-Mitglied, der schon zuvor mit surrealen Meisterwerken wie *Brazil* (1985) mit Robert De Niro oder *12 Monkeys* (1995) mit Bruce Willis und Brad Pitt große Erfolge feiern konnte. Da Cameron ein großer Fan der britischen Comedytruppe Monty Python war, musste sie nicht zwei Mal überlegen, ob sie diese Rolle annehmen sollte. Die Hauptdarsteller des Films waren Johnny Depp als Journalist Raoul Duke und Benicio Del Toro als sein skurriler Anwalt Dr. Gonzo.

Der Film basierte auf dem gleichnamigen Kultroman, der von vielen als Allegorie auf den Niedergang der amerikanischen Studentenbewegung gesehen wird. Er begleitet die beiden Protagonisten auf ihrer Odyssee nach Las Vegas, die eigentlich nur einem Zweck dient: so viele Drogen wie möglich zu nehmen. Der Sportjournalist Raoul Duke soll eigentlich über ein Off-Road-Rennen in der Wüste von Las Vegas berichten, wohin ihn sein Anwalt Dr. Gonzo begleitet. Sie nehmen ihre Arbeit aber nicht besonders ernst und konzentrieren sich auf ihren ausgiebigen Drogenkonsum, der den beiden aber sichtlich immer mehr zu schaffen macht. Der Film spielt in den Siebzigern, und Duke und Dr. Gonzo gehören zu der langsam aussterbenden Hippie-Generation; die Drogen nehmen sie, weil sie der harten Wirklichkeit der Siebziger entfliehen wollen. In weiteren Nebenrollen sind unter anderem Tobey Maguire, Ellen Barkin, Christina Ricci und Flea von den Red Hot Chili Peppers zu sehen.

Gegen Ende der Neunziger war Terry Gilliam auf der Suche nach einem neuen Projekt, Johnny Depp arbeitete bereits an der Filmversion von *Fear And Loathing*,

Lebe lieber ungewöhnlich, 1998

die von Rhino Films produziert und durch Universal verliehen werden sollte. Diaz war mit ihrem Manager gerade zufällig in London, und dieser erzählte Gilliam von dem Filmprojekt. Der ursprüngliche Drehbuchautor und Regisseur Alex Cox war kurz zuvor von der Produktion gefeuert worden, daher übernahm Gilliam den Job und schrieb innerhalb von zehn Tagen ein neues Drehbuch.

Cameron spielt in dem Film eine Fernsehreporterin, die zufällig mit Raoul und Gonzo in einem Hotelaufzug fährt. Da der Anwalt ständig etwas Unverständliches vor sich hin brabbelt und mit einem Taschenmesser herumfuchtelt, fühlt sich die Fernsehreporterin verständlicherweise unwohl. Cameron trägt ein weißbraunes Siebziger-Jahre-Outfit und eine große Halskette. Die Fernsehreporterin verwechselt Dr. Gonzo mit einem der Motorradfahrer, die an dem Wüstenrennen teilnehmen, was dazu führt, dass der völlig benebelte Anwalt denkt, dass sie in ihn verliebt sei.

Terry Gilliam beschrieb *Fear And Loathing In Las Vegas* euphorisch als »filmischen Einlauf für die Neunziger«, aber viele Kritiker waren von dem Potenzial des Films nicht ganz so überzeugt. In einer Filmbesprechung hieß es: »Man kommt sich vor, als wäre man als einziger nüchterner Gast auf einer Party, auf der sich sonst nur Betrunkene befinden.« *Fear And Loathing* kam im Mai 1998 in die amerikanischen Kinos und spielte dort nur 10 Millionen Dollar an den Kinokas-

Mit Ben Stiller in *Verrückt nach Mary*

sen ein; dennoch wurde er im Nachhinein zum Kultfilm.

Nur einen Monat später war Cameron Diaz erneut auf den amerikanischen Kinoleinwänden zu sehen, dieses Mal in dem Film *Verrückt nach Mary* (1998), der Cameron zum endgültigen Durchbruch als Schauspielerin verhelfen sollte und zu den erfolgreichsten Komödien des Jahres gehörte. Die Figur Mary Jensen Matthews mag nicht Camerons interessanteste oder anspruchsvollste Rolle gewesen sein, aber trotzdem konnte die Kombination aus Schönheit, Anstand und einem umfassenden Wissen über Sexspielzeuge beim Publikum überzeugen.

Verrückt nach Mary entstammt den Köpfen der einfallsreichen Brüder Peter und Bobby Farrelly, die sich in ihren filmischen Werken nie besonders für Scharfsinnigkeit, Spitzfindigkeit oder die feine Ausarbeitung der Figuren interessiert hatten. Mit ihrem durchgeknallten, teils grenzwertigen Slapstick hatten sie bereits große Erfolge in Hollywood landen können. So spielte ihr Debütfilm *Dumm und Dümmer* (1994) allein in den USA 117 Millionen Dollar ein – das Budget des Films betrug nur 15 Millionen Dollar, wovon schon die Hälfte als Gage an Hauptdarsteller Jim Carrey ging. Der Nachfolger *Kingpin* (1996) lief auch sehr gut, obwohl er für das durchschnittliche Kinopublikum etwas zu anstößig war.

Die Farrellys wollten unbedingt, dass Cameron Diaz die Rolle der Mary spiel-

te, und betrachteten sie als erste und einzige Wahl. Sie verlegten sogar den Beginn der Dreharbeiten und richteten sich damit nach Camerons vollem Terminkalender. Ihre erste Reaktion auf das Drehbuch war nicht durchweg positiv, wie sie einem Reporter erklärte:

»Ich hatte ernsthafte Bedenken, was einige Szenen betraf, aber die Farrellys versicherten mir ständig, dass diese Szenen auf der Leinwand funktionieren würden. Die Brüder versprachen mir, dass der Film eine Kreuzung aus *Harry und Sally* und *Der wilde wilde Westen* sein würde. Ich musste mein ganzes Vertrauen in ihr Wort setzen …«

Camerons größtes Problem betraf eine Nacktszene im Drehbuch, die aus ihrer Sicht keine besondere Bedeutung für die Handlung hatte und nur aus voyeuristischen Gründen im Film war: »Ich fand es fadenscheinig und ausbeuterisch, wenn man bedenkt, dass es eigentlich nur eine Slapstick-Komödie sein sollte.« Da Cameron in ihren Anfangszeiten als Model schon einmal dazu überredet worden war, nackt vor der Kamera zu posieren, wollte sie für diesen billigen Zweck nicht noch mal die Hüllen fallen lassen. Nachdem sie ihre Bedenken geäußert hatte, ließen die Farrellys ihre Idee sofort fallen. »Ich habe Nein gesagt, und es gab keine weitere Diskussion, was ich wirklich respektiere.« Schließlich bauten die Farrellys ihre Idee doch noch in den Film ein, jedoch wurde daraus einer ihrer typisch geschmacklosen

Witze, als man anstelle von Camerons nacktem Oberkörper den einer alten Frau sieht. Auch wenn einige ihrer Fans darüber enttäuscht gewesen sein mögen, stimmten ihr wohl die meisten darin zu, dass sie die richtige Entscheidung getroffen hatte. »Ich wollte einfach nicht, dass Mary zu einem lächerlichen Objekt wird, und ich wollte auch mich selbst nicht lächerlich machen.« Bevor sie den Vertrag für den Film unterschrieb, zeigte Cameron ihrer Mutter das Drehbuch, der offensichtlich gefiel, was sie las: »Meine Mom hat Tränen gelacht! Sie war diejenige, die sagte, dass ich die Rolle auf jeden Fall spielen sollte.«

Diaz stand bei der Auflistung der Darsteller zum ersten Mal seit *Last Supper* an erster Stelle und erhielt für *Verrückt nach Mary* eine Gage von zwei Millionen Dollar. Ein Hollywoodschauspieler der Extraklasse wie John Travolta erhielt zwar das Zehnfache davon, aber Cameron sollte schon bald zu ihm aufschließen. Etwa drei Jahre später kassierte sie 15 Millionen Dollar für ihre Hauptrolle in *Super süß und super sexy* (2002).

Zu Camerons Co-Stars bei *Verrückt nach Mary* gehörten Ben Stiller, der britische Comedian Lee Evans und Matt Dillon. Zu jener Zeit waren Diaz und Dillon ein Paar, obwohl die Farrellys davon angeblich nichts gewusst hatten, als sie ihnen die Rollen anboten. Cameron erklärte: »Sie lesen einfach keine Klatschzeitschriften oder Fachblätter.« Dillon war derjenige, der die Beziehung geheim halten wollte, um zu vermeiden, dass sie in den Medien breitgetreten wurde. Cameron konnte damit nur schwer umgehen und überzeugte Dillon, die Öffentlichkeit darüber zu informieren:

»Ich kann kein Geheimnis für mich behalten, besonders nicht, wenn ich glücklich bin. Ich habe bisher nicht viele Beziehungen gehabt, deshalb will ich, dass die Leute es wissen, wenn ich einen so tollen Partner habe.«

Diaz und Dillon hatten bereits zuvor über einen gemeinsamen Film nachgedacht. Im Oktober 1997 verriet Cameron bei einem Interview mit der *Toronto Sun*:

»Wir suchen etwas, das wir zusammen machen können … Es sollte aber wirklich alles stimmen, wenn man als Paar gemeinsam in einem Film mitspielt. Es sollte nicht dieser Druck da sein.«

Zuerst dachte Cameron, dass *Mary* nicht das ideale Projekt für das Paar wäre, vor allem, weil sie darin zum ersten Mal eine Hauptrolle spielte. Die Farrellys wollten, dass Dillon die Rolle eines schmierigen Privatdetektivs übernahm, was Cameron als schlechte Besetzung betrachtete:

»Ich sagte ihnen, dass ich fand, dass Matt einfach zu gut aussah, um so einen Loser zu spielen. Sie sagten, das sei kein Problem, besonders wenn man bedenke, was sie für diese Figur alles geplant hatten. Matt war sehr geduldig und ließ sie alles mit ihm machen, um ihn so lächerlich wie möglich aussehen zu lassen.«

Cameron konnte auch ihren Vater für den Film rekrutieren: Emilio Diaz spielt einen der Gefängnisinsassen, die zusammen mit Ben Stiller in einer Zelle hocken. Die Farrellys wollten auch Camerons Mutter eine kleine Rolle im Film geben, aber leider konnte die Schauspielerin ihre Mutter nicht überreden: »Sie hat gekniffen.«

Die Dreharbeiten für *Verrückt nach Mary* dauerten zehn Wochen und fanden

Die berüchtigte Haargel-Szene aus *Verrückt nach Mary*, 1998

in Rhode Island und Miami, Florida, statt. Peter Farrelly arbeitete mit den Schauspielern am Set, während Bobby Farrelly hinter der Kamera stand und das Geschehen auf den Videobildschirmen verfolgte. Cameron hatte kein Problem mit dieser unorthodoxen Teilung der Aufgaben und erklärte: »Es ist wirklich interessant zu sehen, wie sie zusammenarbeiten. Zwischen ihnen besteht kein Konkurrenzdenken, sie arbeiten absolut harmonisch zusammen.«

Die Farrellys hegten nie Zweifel daran, für die Rolle der Mary die richtige Wahl getroffen zu haben. Peter Farrelly erklärte später: »Cameron ist Mary. Genauso wie Mary scheint Cameron die ultimative Frau zu sein. Jeder Typ am Set war verrückt nach ihr.« Sein Bruder Bobby empfand genau dasselbe: »Cameron ist wunderschön, absolut süß, witzig und nett.« Diaz gefielen die Drehorte, besonders der in Miami, und kurze Zeit später erwarb sie ein Restaurant in der Stadt, das den Namen Bambu trägt.

Cameron genoss es, mit ihrem damaligen Freund Matt Dillon vor der Kamera zu stehen. In einem Interview sagte sie:

»Das war eine tolle Erfahrung. Die Tatsache, dass wir immer noch zusammen sind und glücklicher denn je, sagt doch alles, oder? ... Wir waren beide sehr überrascht, dass es sich absolut ausgezahlt hat, jeden Tag so viel Zeit miteinander zu verbringen. Die Leute hatten uns gewarnt, dass wir uns gegenseitig auf den Keks gehen würden, wenn wir so lange

an einem Stück zusammen sind, aber das war nicht der Fall.«

Cameron Diaz und Matt Dillon hatten so viel Spaß bei ihrer ersten Zusammenarbeit, dass sie danach ankündigten, einen zweiten gemeinsamen Film drehen zu wollen: »Der nächste Film wird nicht so derb, das versprechen wir.« Dieses Filmprojekt kam jedoch nicht mehr zustande.

Verrückt nach Mary ist eine Geschichte über eine gescheiterte Liebe, die an Besessenheit grenzt. Der Film beginnt im Jahr 1985, als Highschool-Schüler Ted Stroehmann (Stiller) heftig in Mary, das schönste Mädchen der Schule, verknallt ist. Ted ist absolut kein Mädchenschwarm; er hat eine miese Frisur, trägt eine Zahnspange und abscheuliche Klamotten, und die Chancen, bei Mary zu landen, sind gleich Null. Durch einen seltsamen Zufall schafft Ted es, dass er Mary zum Abschlussball ausführen darf. Allerdings kommen sie dort gar nicht erst an, weil Ted einen bizarren »Unfall« mit dem Reißverschluss seiner Hose hat. Der Abschlussball ist geplatzt, und Ted und Mary verlieren sich aus den Augen. Dreizehn Jahre später ist Ted immer noch nicht über Mary hinweg und beschließt, sie aufzuspüren. Obwohl er mittlerweile besser aussieht als zu Highschoolzeiten, ist er immer noch der alte Loser. Ted setzt den schmierigen Privatdetektiv Pat Healy (Dillon) auf Mary an, der sie in Miami aufspürt. Healy verliebt sich selbst in Mary und will sie für sich, deshalb lässt er Ted glauben, dass Mary mittlerweile abgewrackt und fett aussähe. Ted will sich selbst ein Bild von Mary machen und geht auf eine abenteuerliche Reise.

Ein ungewöhnlicher Aspekt von *Verrückt nach Mary* ist die Musik, die als Kommentar zur Handlung gedacht ist. Die Songs stammen von Jonathan Richman, der auch auf der Leinwand auftaucht und seine Lieder dem Zuschauer vorträgt, mal im Baum sitzend oder als Hot-Dog-Verkäufer. Aber was den Film wirklich so besonders macht, ist natürlich das Markenzeichen der Farrelly-Brüder: ihr pechschwarzer Humor. Cameron Diaz sagte dazu:

**An der Seite von Matt Dillon
in *Verrückt nach Mary***

»Sie überschreiten jede Grenze in diesem Film, was einfach ungeheuerlich und völlig ohnegleichen ist. Wenn man mit Peter und Bobby zusammenarbeitet, lernt man ganz schnell, dass man nie zu weit gehen kann.«

In *Verrückt nach Mary* wandeln die Farrellys ihre groben Witze gewissermaßen in eine Kunstform um, indem sie ihre Figuren bis aufs Äußerste demütigen und Witze über Japaner, Rollstuhlfahrer, Homosexuelle, schlechte Filme und Tierquälerei machen. Die größten Lacher in *Verrückt nach Mary* gehen auf Teds Kosten. Als er sich auf die Suche nach seiner Traumfrau macht, befindet er sich zufällig auf einem Autobahnparkplatz, als die Polizei dort gerade einen Schwulentreff hochnimmt, und wird verhaftet. Im Gefängnis wird er plötzlich für einen Serienmörder gehalten und muss ein hartes Verhör durchstehen. Als Ted bei Marys Freundin Magda zu Besuch ist, beißt sich Magdas Hund in Teds Schoß fest. Im Vergleich dazu ist der Angelhaken, der sich bei einem Ausflug in Teds Wange verfängt, schon fast harmlos. Diese erbarmungslose Reihe von Schmerzen und Demütigungen fand trotzdem Camerons Billigung: »Ich glaube, ich finde fast jeden Witz in dem Film zum Schreien komisch. Ich könnte nicht mal sagen, dass ich irgendeinen Witz nicht lustig fand.«

Nicht nur die berühmte Szene mit Teds Reißverschluss war hart an der Grenze des guten Geschmacks; auch das zweite Date von Ted und Mary birgt derbe Überraschungen. Ted muss seine sexuelle Anspannung vor ihrem gemeinsamen Date abbauen, und er befolgt den Rat eines Freundes, sich vor dem Treffen selbst zu befriedigen. Das führt zu der gefeierten Szene, bei der Mary eine weiße Substanz an Teds Ohrläppchen kleben sieht und es fälschlicherweise für Haargel hält.

Im Gegensatz zu allen anderen Figuren ist Mary verletzlich und mitfühlend; sie allein erkennt Teds Qualitäten, während ihn andere nur als absoluten Versager betrachten. Bemerkenswert ist, dass die Farrellys im gesamten Film dafür gesorgt haben, dass Diaz ihre Rolle absolut ernst spielt. Cameron sagte dazu in einem Interview: »Ich bin im Grunde die einzig vernünftige Person in diesem Film. Es sind eigentlich nur die Kerle, die das ganze wilde und verrückte Zeug machen.« Sogar als sich Mary ahnungslos Teds Sperma in die Haare reibt, bleibt sie glaubwürdig – die Haartolle steht ihr allerdings nicht besonders gut.

Das Kinoplakat zu *Verrückt nach Mary* zeigt die berühmte Aufnahme von Cameron Diaz in dem pinkfarbenen Minikleid und Sandalen. Dieses Foto, auf dem Cameron sich lächelnd leicht nach vorn beugt, fasst die Figur Mary absolut passend zusammen: attraktiv, offen und freundlich. Der Untertitel des Films lautete: »Die einen macht sie verrückt ... die anderen sind es schon!« *Verrückt nach Mary* lief im Juli 1998 in den USA an und wurde schnell zum Film-Event des Jahres; insgesamt spielte die Komödie über 310 Millionen Dollar ein.

Es war klar, dass *Verrückt nach Mary* niemals in die engere Auswahl für einen Oscar kommen würde, aber dennoch wurde Cameron Diaz sehr für ihre Leistungen in dem Film gelobt. 1999 erhielt sie eine Nominierung für den ALMA Award in der

Cameron Diaz

Mit ihrer großen Schwester Chimene auf der Premiere von *Verrückt nach Mary*

Kategorie »Herausragende Schauspielerin in einem Spielfilm« sowie für einen Golden Globe in der Kategorie »Beste Schauspielerin in einer Komödie oder einem Musical«. Bei den MTV Movie Awards wurde sie für »Beste Comedy-Darstellung«, »Bester Kuss« und »Bestes Leinwand-Duo« nominiert (die letzteren Nominierungen teilte sie sich mit ihrem Filmpartner Ben Stiller). Bei diesen Nominierungen war sie zwar leer ausgegangen, dafür erhielt sie aber den New York Film Critics Circle Award, den Blockbuster Entertainment Award, den MTV Movie Award sowie den American Comedy Award, jeweils in der Kategorie »Beste Schauspielerin« – keine schlechte Ausbeute.

Cameron Diaz und Matt Dillon konnten mit *Verrückt nach Mary* zwar einen großen Erfolg feiern, aber ihre Beziehung ging kurz nach dem Film in die Brüche. Bei einem Interview, das Dillon während der Promotiontour für *Verrückt nach Mary* gab, lobte er Cameron noch in den Himmel: »Sie ist eine perfekte Frau, aber sie ist nicht wie Hitchcocks Eisgöttin ... Sie strahlt Wärme aus. Sie ist wunderschön und sexy ... Sie hat einen guten Sinn für Humor, und sie ist sehr feminin. Cameron ist sehr ausgeglichen, und deswegen glaube ich, dass sie die perfekte Frau ist.«

Diaz erwiderte das Kompliment und sagte, dass ihr Dillons Erfahrung in der Filmwelt sehr geholfen habe: »Matt ist so unglaublich wichtig für mich, besonders jetzt in dieser Phase meines Lebens ... Er weiß, was dieses Business einem abverlangt.«

Obwohl die Beziehung fast drei Jahre hielt, gab es ständig Gerüchte, dass Dillon angeblich fremdging. Irgendwann hieß es, er hätte mit der Popdiva Mariah Carey in einem New Yorker Nachtclub herumgemacht. Hardrock-Fan Diaz hatte mal in einem Interview gesagt: »Wer mich wirklich foltern möchte, muss mich in einem Zimmer an einen Stuhl fesseln und ganz laut Mariah Carey spielen.« Anscheinend sah Matt Dillon das anders.

Der Beziehung half es wahrscheinlich auch nicht, dass Diaz in Los Angeles wohnte, während Dillon in Manhattan blieb, etwa 3000 Meilen entfernt. Damals behauptete Cameron noch, dass ihr dieser

Cameron als Mary

Zustand gut gefiel: »Ich lebe seit vielen Jahren nur aus dem Koffer. Ich wollte verzweifelt ein Zuhause haben, und jetzt habe ich zwei.« Beide versuchten, zwischen den Wohnorten zu pendeln, aber irgendwann merkten sie, dass es nicht funktionierte, und trennten sich. Dillon sagte später in einem Interview: »Ich war in Cameron verliebt. Es ist ein sehr mächtiges Gefühl, wenn man für jemanden so was empfindet. Cameron war für mich eine Muse. Ich hatte zuvor nie irgendwelche tieferen Beziehungen.« Die Schauspielerin sagte damals, dass sie Zeit brauche, um über die Trennung hinwegzukommen und den richtigen Mann zu finden: »Ich glaube, dass es hart da draußen zugeht. Man verliebt sich nicht jeden Tag einfach so und auch nicht gleich in jeden, den man kennenlernt. Das ist etwas Besonderes. Unsere Welt ist so kompliziert, dass man viel tun muss, damit gewisse Dinge stimmen. Man kann nicht mit jemandem glücklich sein, wenn man selbst nicht glücklich ist.«

HOCHZEITEN UND INTRIGEN

Cameron Diaz gönnte sich nach *Verrückt nach Mary* keine Verschnaufpause und stand gleich wieder für ihren nächsten Film vor der Kamera. *Very Bad Things* (1998) war eine rabenschwarze Komödie, in der Diaz neben Christian Slater die Hauptrolle spielte. Der Schauspieler Peter Berg feierte mit diesem Film sein Debüt als Drehbuchautor und Regisseur, und er bewies, dass er gute Ideen und einen sehr schwarzen Humor hatte. Obwohl es Bergs Regiedebüt war, konnte er sich für den Film ein Budget von 10 Millionen Dollar sowie einen Deal mit Universal als Filmverleih sichern. Christian Slater übernahm zudem auch die Rolle des Produzenten, was der Finanzierung des Films sicherlich half.

Slater spielt den zwielichtigen, eiskalten Immobilienmakler Robert Boyd, der seine »Freunde« auf den blutigen Pfad der Verdammnis führt. Slater, dem in der Vergangenheit oft vorgeworfen wurde, eine zweitklassige Kopie von Jack Nicholson abzugeben, brilliert in diesem Film mit seiner schauspielerischen Leistung; als Robert versprüht er eine unglaubliche dämonische Kraft.

Die fünf Freunde Robert, Kyle (Jon Favreau), Charles (Leland Orser), Adam (Daniel Stern) und Michael (Jeremy Piven)

Einer der fröhlicheren Momente für Laura in *Very Bad Things*

feiern Kyles Junggesellenabschied in einem Hotelzimmer in Las Vegas mit Alkohol, Drogen und einer Prostituierten. Es wird ziemlich schnell klar, dass die fünf ausgemachte Arschlöcher sind: angeberisch, arrogant und scheinheilig. Als die Prostituierte beim Sex mit Michael versehentlich getötet wird, bricht unter den Männern Panik aus. Robert schlägt vor, nicht die Polizei zu rufen und die Leiche stattdessen zu vergraben. Als sie die Leiche aus dem Hotelzimmer schaffen wollen, werden sie von einem Sicherheitsmann des Hotels überrascht, den Robert kurzerhand ebenfalls umbringt. Nachdem die Leichen in der Wüste von Nevada vergraben und die Männer nach Hause zurückgekehrt sind, werden alle außer Robert von ihrem schlechten Gewissen getrieben.

Cameron Diaz verkörpert Laura Garrety, Kyles Verlobte und angehende Ehefrau. Es stellt sich heraus, dass Laura mindestens ebenso irre ist wie die fünf männlichen Charaktere. Sie ist besessen von dem Gedanken an die Hochzeit, die sie seit ihren Kindertagen geplant hat, und lässt sich von nichts aufhalten – auch nicht, als Kyle ihr die Vorfälle in Las Vegas beichtet. Ein paar Tote können sie von ihren Hochzeitsvorbereitungen nicht abbringen. Cameron Diaz läuft als Laura zu Höchstform auf, als sie schließlich völlig durchdreht und Roberts Kopf mithilfe des Kleiderständers in eine blutige Masse verwandelt. Für Cameron war es die vierte Leinwandhochzeit in ihrer noch jungen Karriere – aber ihr gefiel die Geschichte so gut, dass sie nicht Nein sagen konnte: »Das Drehbuch ist sehr dunkel und sehr zynisch, und genau das macht es so witzig.«

Peter Bergs Film behandelt die Themen Männerfreundschaft, Zusammenhalt und Gruppenzwang, bevor er umschaltet auf Schuldgefühl, Misstrauen, Paranoia und Nervenzusammenbruch.

Als Cameron Diaz für den Film die Werbetrommel rührte, stellte sie klar, dass *Very Bad Things* keine fröhliche Komödie wie *Verrückt nach Mary* sei: »Ich glaube nicht, dass jeder den Film mögen wird, definitiv nicht.« Wie sich herausstellen sollte, hatte sie damit recht. *Very Bad Things* lief in den USA im November 1998 an, in Deutschland startete er ein halbes Jahr später. Das Publikum war im Voraus durch recht negative Filmkritiken verschreckt worden, daher blieb der große Erfolg des Films wohl aus – in den USA spielte er nur knappe 10 Millionen Dollar ein.

Man Woman Film (1999) ist wahrscheinlich das seltsamste Werk in Camerons Filmographie – und gleichzeitig auch der Film, über den am wenigsten bekannt ist. Er wurde bisher in keinem Land im Kino gezeigt und wird in absehbarer Zeit auch wohl nicht als DVD in Videotheken oder Kaufhäusern erhältlich sein. Drehbuchautor und Regisseur war der Filmstudent Cameron Pearson, der den Film mit einem Budget von nur 35.000 Dollar drehte. Es stellt sich die Frage, was ein großer Hollywoodstar wie Cameron Diaz in einem No-Budget-Studentenfilm macht, den fast niemand zu Gesicht bekommen sollte. Die Erklärung war, dass die beiden Camerons sich seit 1991 kannten und seitdem befreundet waren. Cameron Pearson sagte: »Einer meiner Freunde war mit ihr zusammen ... und meine Freundin und ich unternahmen viel mit den beiden. Als sie

**Cameron mit Regisseur Peter Berg
bei den Dreharbeiten zu *Very Bad Things***

nicht mehr zusammen waren, blieben Cameron und ich in Kontakt.«

Wahrscheinlich gestärkt durch den Diaz-Faktor, wurde *Man Woman Film* sogar ab Januar 1999 auf renommierten internationalen Filmfestivals in den USA, Norwegen, der Türkei, Portugal, Ägypten, Argentinien und Ungarn gezeigt. Laut Pearson sollte der Film eine Kombination aus Nouvelle Vague und tragischer Farce sein. Die undurchsichtige Geschichte handelt von einem jungen aufstrebenden Autor, seiner Popstar-Freundin, Epilepsie, Unzurechnungsfähigkeit, übermäßig redefreudigen Pantomimekünstlern und radikaler Politik. Die Figuren in dem Film tragen seltsame Namen wie »frustrierter Café-Poet«, »Kurtz: Mannequin-Vergewaltiger«, »Mann im Anzug«, »Anti-James-Mason« und »Gestapo-Mime und Sexkult-Freak« – nicht gerade leichte Kost.

Cameron Diaz spielt die Rolle einer »beliebigen Berühmtheit« und erscheint in zwei Szenen: Als sie bei einer Party Gedichte vorträgt, geht einer der Hauptdarsteller auf sie zu und sagt: »Du kommst mir sehr bekannt vor.« Camerons Figur antwortet: »Natürlich, ich bin eine Berühmtheit.« In der zweiten Szene unterhält sich Diaz mit einem kleinen Jungen und meditiert. Der Film wurde über einen sehr langen Zeitraum gedreht, und man sieht, wie sehr sich Camerons Frisur zwischen den beiden Szenen verändert hat. Alle anderen Rollen in dem Film wurden von Studenten gespielt.

Kapitel 2: Verrückt nach Cameron

**Cameron als Laura Garrety
in *Very Bad Things*, 1999**

Pearson sagte lachend: »Sie hatten alle Schiss, zusammen mit Cameron vor der Kamera zu stehen!«

Kurz darauf arbeitete Cameron schon wieder an ihrem nächsten Film *Being John Malkovich* (1999), den man wohl als den verrücktesten Film bezeichnen kann, in dem sie je mitgespielt hat. Es war das Spielfilmdebüt des Musikvideoregisseurs Spike Jonze, der sich durch Videoclips von Künstlern wie R.E.M., Fatboy Slim und Björk einen Namen gemacht hatte. Das Drehbuch stammte von dem damals recht unbekannten Autor Charlie Kaufman, der bei *Being John Malkovich* zudem einer der ausführenden Produzenten war. Der Film wurde unter anderem von R.E.M.-Frontmann Michael Stipe produziert, für dessen Band Spike Jonze das Musikvideo zu dem Song *Crush With Eyeliner* gedreht hatte.

Die Hauptrolle des erfolglosen Puppenspielers Craig Schwartz spielte John Cusack, bekannt aus Filmen wie *Grosse Pointe Blank* (1997), *Con Air* (1997) und *High Fidelity* (2000). Die Schauspielerin Catherine Keener, die neben George Clooney in *Out Of Sight* (1998) und Nicolas Cage in *8mm – Acht Millimeter* (1999) mitgespielt hatte, übernahm die Rolle der Maxine Lund, Craigs Kollegin und Geschäftspartnerin, die mit ihm ein doppeltes Spiel treibt. Da Cameron Diaz nach einer neuen Herausforderung suchte, nahm sie die Rolle der Lotte Schwartz an, Craigs unscheinbarer, tierlieber Ehefrau. Für Cameron hatte die Rolle einen simplen An-

reiz: »Ich habe einfach die Chance ergriffen, mal unglamourös sein zu können.« Obwohl Diaz selbst Tierfreundin ist und zuhause Katzen hat, war sie dennoch der Meinung, dass Lotte mit ihrer Tierliebe etwas zu weit geht. In einem Interview mit der *Calgary Sun* erklärte sie:

»Meine Figur kümmert sich um Tiere anstatt um sich selbst. Sie sorgt sich so sehr um ihre kleinen Schützlinge, dass sie dabei vergisst, dass sie Haare hat und dass es so etwas wie Make-up gibt.«

Diaz lobt Charlie Kaufmans Drehbuch als wahre Meisterleistung: »Man sagt, dass es in Hollywood nur 14 verschiedene Drehbücher gäbe – nun, das hier ist definitiv Nummer 15.«

Being John Malkovich hätte als Film natürlich nicht funktioniert, wenn nicht der wahre John Malkovich darin mitgespielt hätte. Zu den bekanntesten Filmen des Schauspielers zählen *The Killing Fields – Schreiendes Land* (1984), *Gefährliche Liebschaften* (1988) und *Der Mann mit der eisernen Maske* (1998). Mit John Cusack hatte er schon in dem Actionfilm *Con Air* vor der Kamera gestanden, eine für Malkovich ungewöhnliche Rolle, da er sonst eigentlich eher in anspruchsvolleren Filmen mitwirkt. Kaufmans Drehbuch zu *Being John Malkovich* hatte ihm jedenfalls gefallen, und er nahm die Rolle des John Horatio Malkovich an. Die Dreharbeiten des Films, der ein Budget von bescheidenen 13 Millionen Dollar hatte, begannen am 20. Juli 1998.

Craig Schwartz (Cusack) ist ein begabter, aber erfolgloser Puppenspieler, dessen Darbietungen zu unverständlich und zu anspruchsvoll sind. Auch die Ehe mit der Tiernärrin Lotte (Diaz) läuft nicht gut, weil sie nichts als ihre Tiere im Kopf hat, dennoch ermuntert sie Craig dazu, sich einen Job zu suchen, um zusätzlich etwas Geld zu verdienen. Craig bewirbt sich auf eine Annonce und bekommt einen Job bei Lester Corp., einer Firma, die ihre Niederlassung seltsamerweise im 7 ½. Stock eines Bürogebäudes in Manhattan hat. Das Stockwerk erreicht man nur mit der Notstop-Taste des Fahrstuhls und es ist so niedrig, dass man nur gebückt darin laufen kann. Craig begegnet dort einer reizenden Kollegin namens Maxine (Keeler), die sich ihm gegenüber zunächst jedoch kühl verhält. Durch Zufall findet Craig hinter einem Aktenschrank eine kleine Tür, die direkt in den Kopf des Schauspielers John Malkovich führt. Begibt man sich in dessen Kopf, denkt und fühlt man genauso wie der Schauspieler und sieht alles, was er sieht. Der Ausflug in Malkovichs Kopf dauert 15 Minuten an, danach wird man am Standrand von New York wieder ins wirkliche Leben »ausgespuckt«.

Nun beginnt eine aberwitzige Handlung: Zusammen mit Maxine will Craig aus seiner Entdeckung Kapital schlagen: Sie bieten für 200 Dollar eine exklusive Reise in Malkovichs Kopf an. Auch Lotte begibt sich in Malkovichs Kopf und findet Gefallen daran; sie verliebt sich in Maxine, und Maxine verliebt sich in Lotte – allerdings nur in Form von Malkovich. Craig wiederum wird eifersüchtig, weil er selbst in Maxine verliebt ist und begibt sich ebenfalls in Malkovichs Kopf, um Maxine nahe sein zu können. Das Problem beginnt, als Malkovich merkt, dass jemand in seinem Kopf steckt und er

Being John Malkovich, 2000

irgendwann selbst vor der kleinen Tür in Craigs Büro steht.

Was wie eine unglaublich komplizierte Geschichte mit völlig überladenen Ideen klingt, ist jedoch ein hochintelligenter und höchst amüsanter Film. Cameron Diaz liefert dabei eine glänzende Darbietung als weltfremde, aber freundliche Lotte Schwartz ab. Regisseur Spike Jonze schöpfte alle Mittel aus, um Cameron jeglichen Glamour zu nehmen – von der altmodischen Perücke bis zu den schäbigen braunen Klamotten. Zu ihrer Rolle sagte Cameron: »Der Tunnel zu Johns Kopf und das Herumkriechen im Schlamm haben mir Spaß gemacht. Das ist das Tolle am Filmemachen: Man tut andauernd Dinge, die man vorher noch nie gemacht hat.

Ich bin noch nie durch John Malkovichs Unterbewusstes geschlittert. Ziemlich glitschig und schlammig, das kann ich Ihnen sagen!« Auf die Frage, ob sie gern mal jemand anderes wäre, antwortete Cameron: »Nicht wirklich. Obwohl – ich war neulich im Peggy Guggenheim Museum, die wäre ich vielleicht gerne gewesen. Oder eine Astronautin. Oder sogar ein Mann!«

Being John Malkovich feierte seine Weltpremiere am 2. September 1999 beim Filmfestival in Venedig. Zwei Monate später lief er in den amerikanischen Kinos an, und etwa ein halbes Jahr später kam das deutsche Kinopublikum in den Genuss des Filmes. Auch wenn viele Filmkritiker zuerst nicht genau wussten, was sie von Spike Jonzes Werk halten sollten, gab es fast

Cameron mit ihrem Freund Matt Dillon

durchweg nur positive Kritiken. Ein Journalist der Zeitschrift *Variety* schrieb, dass *Being John Malkovich* »so durchgeknallt ist, dass er fast jeden Bewertungsrahmen sprengt«. In einer anderen Besprechung des Films hieß es: »Kaum zu glauben, dass ein Film aus Hollywood mal mit völlig neuen, originellen und so schrägen Ideen ankommen würde, wo doch momentan alles recycelt wird, was noch nicht recycelt wurde. Dass der Film dabei auch noch anständig produziert wurde, ist eine weitere Überraschung. Allerdings sollte man sich als Zuschauer von allen Gewohnheiten und Konventionen befreien, denn hier verläuft nichts in bekannten Bahnen.«

Der Film spielte allein in den USA 23 Millionen Dollar ein, was eine beträchtliche Summe war, wenn man die Sperrigkeit von Spike Jonzes Erstlingswerk betrachtet. Auch was die Nominierungen und Auszeichnungen betraf, war er ein voller Erfolg. Regisseur Jonze, Drehbuchautor Kaufman und Catherine Keener wurden jeweils für einen Oscar nominiert, gingen allerdings leer aus. Kaufman erhielt schließlich einen BAFTA (British Academy Of Film And Television Award) in der Kategorie »Bestes Drehbuch«. Die Hauptdarsteller teilten sich eine Nominierung für den Screen Actors Guild Award in der Kategorie »Herausragende Darbietung einer Besetzung in einem Kinofilm«.

Cameron Diaz erhielt für ihre Rolle in *Being John Malkovich* Nominierungen für einen American Comedy Award, einen Online Film Critics Society Award sowie einen Golden Satellite Award. Außerdem wurde sie für den Golden Globe und für einen BAFTA nominiert, jeweils in der Kategorie »Beste Darbietung einer Schauspielerin in einer Nebenrolle«. Auch wenn sie bei allen Verleihungen leer ausging, gab es an ihrem Status als ernstzunehmende Filmschauspielerin nichts mehr zu rütteln.

VON WEGEN ENGEL

Auch wenn Cameron Diaz mittlerweile für Blockbuster mit großem Budget gefragt war, hatte sie nicht vor, ihre unkonventionelle, durch Independentfilme verfeinerte Schauspielkunst abzulegen. Cameron sagte dazu in einem Interview:

»Ich glaube, dass man mit Independentfilmen größere Chancen hat, an gute Drehbücher zu kommen – Material, das interessanter und anspruchsvoller ist –, als wenn man in den Produktionen der großen Filmstudios mitspielt. Man muss sich die Tür zu den Independentfilmen immer offen halten, damit man die Möglichkeit behält, diese Rollen spielen zu können.«

Der Erfolg von *Being John Malkovich* gab ihr recht, was ihre Einstellung zu Independentfilmen anging. Auf der anderen Seite war ihr ständig steigender Bekanntheitsgrad keine Garantie dafür, dass sie auch die Rollen bekam, die sie haben wollte. Ende 1997 sprach Diaz für eine der Hauptrollen in dem Film *Waking The Dead* (2000) vor, basierend auf dem Roman von Scott Spencer. Die Geschichte handelt von dem Jungpolitiker Fielding Pierce, dessen Freundin Sarah, eine Friedensaktivistin, die nicht viel von politischen Ämtern hält, bei einem Mordanschlag ums Leben kommt. Fielding geht zielstrebig seinen politischen Weg weiter, doch als neun Jahre später seine Kandida-

Cameron Diaz

3 Engel für Charlie

tur für den amerikanischen Kongress immer näher rückt, hat er plötzlich Visionen von Sarah – er hört ihre Stimme und bildet sich ein, sie auf der Straße zu sehen. Fielding fällt es schwer, herauszufinden, ob sie tatsächlich lebt oder ob sie seine Schuldgefühle darüber verkörpert, dass er sich dem Parteiensystem unterworfen hat.

Cameron Diaz wollte die Rolle der Sarah – einer politischen Aktivistin, die daran glaubt, dass eine Veränderung nur von außerhalb des Systems erfolgen kann, weil das System selbst zu korrupt ist – unbedingt spielen. Doch zu ihrer Enttäuschung vergab Regisseur Keith Gordon die Rolle an die Schauspielerin Jennifer Connelly. Wie bei den vorherigen Rollen, die sie nicht bekommen hatte, betrachtete Cameron es philosophisch: »Es gibt so viele Rollen da draußen, und jeder bekommt die Rolle, die er oder sie bekommen soll.«

Vielleicht hatte Cameron recht, was ihr Schicksal betraf: Es dauerte sehr lange, bis *Waking The Dead* überhaupt in den USA anlief. Obwohl die Dreharbeiten bereits im Februar 1998 begonnen hatten, feierte der Film seine USA-Premiere erst im März 2000. In Deutschland wurde erst gar keine Synchronfassung angefertigt, und der Film kam dort nicht einmal auf DVD heraus. Daher konnte Cameron wohl froh sein, dass sie die Rolle nicht bekommen hatte. Ihr nächster Film war *Invisible Circus* (2001), in dem Cameron ein Hippie-Mädchen spielte, das in den siebziger Jahren nach Europa reist, um dort etwas über die politischen Aktivitäten ihrer verstorbenen Schwester zu erfahren. An Camerons Seite spielen Christopher Eccleston, Jordana Brewster und Moritz Bleibtreu. In Deutschland lief der Film im Juni 2001 in den Kinos an und wurde später unter dem Titel *Deadly Shadows* als DVD veröffentlicht.

Auch wenn Cameron einerseits nicht unbedingt die Rollen bekam, die sie haben wollte, hatte sie andererseits kein Problem damit, gewisse Angebote abzulehnen, wie etwa eine der Hauptrollen in dem Disney-Film *Inspector Gadget* (1999). In dieser Realfilm-Version der berühmten Cartoonserie spielte Matthew Broderick einen schüchternen Nachtwächter, der nach einem Unfall verschiedenste technische Hilfsmittel eingebaut bekommt und fortan als Superheld Verbrecher jagt. Diaz bekam den Part der Dr. Brenda Bradford angeboten, einer Wissenschaftlerin, die die Verwandlung von Inspector Gadget durchführt. Nachdem Cameron die Rolle abgelehnt hatte, übernahm die Fernsehschauspielerin Joely Fisher den Part, die auch schon bei *Die Maske* mitgespielt hatte.

Als Nächstes tauchte Cameron Diaz in Oliver Stones epischem Werk *An jedem verdammten Sonntag* (1999) auf, einem Film über ein American-Football-Team aus Miami. Hierfür stand Diaz neben Al Pacino vor der Kamera, einem der charismatischsten und hochangesehenen Schauspieler Amerikas. Cameron spielte Christina Pagniacci, die Besitzerin der Football-Mannschaft Miami Sharks. In einem Interview erklärte die Schauspielerin, dass sie mit *An jedem verdammten Sonntag* eine neue Richtung in ihrer Karriere einschlug:

»Bei dem Film handelt es sich um ein Drama, und genau danach habe ich jetzt auch gesucht, weil ich zuvor sehr viele

Komödien gemacht habe, schwarze Komödien und viele wunderliche Dinge.«

Oliver Stone hatte bei seinem Film auf volle Unterstützung durch die amerikanische Football-Liga NFL gehofft. Allerdings war dem Regisseur sein kontroverser Ruf vorausgeeilt, den er sich mit Filmen wie *Platoon* (1986) oder *Natural Born Killers* (1994) aufgebaut hatte, und deshalb lehnte es die NFL aus Imagegründen ab, sich an der Produktion des Films zu beteiligen. Laut Stone hatte die NFL ihm sogar jegliche Nutzung von Bildmaterial der NFL verboten und drängte ihre Sponsoren dazu, den Film zu boykottieren. Letzten Endes musste sich der Regisseur eine imaginäre Liga ausdenken, daher ist auch der Name der Footballmannschaft Miami Sharks nur fiktiv.

Filme über American Football waren selten ein großer Kinoerfolg, besonders außerhalb der Vereinigten Staaten, wo dieser Sport nie eine annähernd so große Popularität erlangte. Aus diesem Grund musste *An jedem verdammten Sonntag* mit einem relativ kleinen Budget von 62 Millionen Dollar auskommen, und Stone konnte den Stars auch nicht die gewohnt hohen Gagen zahlen. Da Cameron ihren Vertrag für den Film schon vor *Verrückt nach Mary* unterschrieben hatte, kam der Regisseur bei ihr mit einer Gage von 500.000 Dollar davon. Eigentlich sollten die Dreharbeiten schon im Mai 1998 beginnen, aber aufgrund verschiedener Probleme verschob sich der Drehbeginn um acht Monate auf Januar 1999. Zu der Zeit kam gerade *Verrückt nach Mary* in die Kinos und machte Cameron Diaz zum Star. Trotz der zahlreichen Rückschläge hielten Al Pacino wie auch Cameron Diaz ihre Zusage ein, bei dem Film mitzuspielen. Stone war nicht nur beeindruckt von Camerons Loyalität, sondern auch dankbar dafür, dass sie nach dem Erfolg von *Verrückt nach Mary* nicht eine Aufstockung ihrer Gage gefordert hatte.

Die Dreharbeiten zu *An jedem verdammten Sonntag* dauerten nur 65 Tage, was für eine so anspruchsvolle, groß aufgezogene Produktion recht kurz war. Laut Oliver Stone war Diaz extrem nervös, als sie ihre erste Szene mit Al Pacino drehen sollte. Cameron leugnete es nicht:

»Das war total verrückt. Als wir die Szene drehten, kam ich mir vor wie ein kleines Mädchen, wie eine Zwölfjährige mit Zahnspange. Es war aufregend und auch beängstigend.«

Oliver Stone, der bekannt dafür ist, mit seiner Meinung nicht hinter dem Berg zu halten, war begeistert von seiner Hauptdarstellerin: »Sie war großartig. Cameron ist eine absolute Bereicherung für diesen Film, von Anfang bis Ende.« Der Regisseur wollte, dass Camerons Christina einerseits eine kühle Geschäftsfrau war und andererseits etwas versprühte, was er »mädchenhaften Zorn« nannte. Dank ihrer zwanglosen Herangehensweise und ihrer positiven Arbeitseinstellung erfüllte Cameron die Ansprüche des Regisseurs, was man von einigen ihrer Filmpartner nicht unbedingt behaupten konnte: Beim Dreh eines Footballmatches gerieten die Darsteller Jamie Foxx und LL Cool J ernsthaft aneinander, was für die Klatschpresse natürlich ein gefundenes Fressen war. Camerons einziges Problem mit Oliver Stone war, dass der Regisseur dazu neigte, in letzter Se-

Kapitel 2: Verrückt nach Cameron

Mit Al Pacino in *An jedem verdammten Sonntag* –
»Es war aufregend und auch beängstigend«, sagte Diaz über diese Erfahrung

kunde seinen Drehplan umzuwerfen. Das führte dazu, dass sie zwei Monate lang in Miami herumsaß – für den Fall, dass er sie brauchen würde. Cameron sagte dazu:

»Man wusste nie, wann und ob man ans Set gerufen wurde. Man arbeitete vier Tage, hatte dann eine ganze Woche frei, arbeitete wieder zwei Tage und hatte danach zwei Wochen frei.«

An jedem verdammten Sonntag zeigt wieder Oliver Stones fieberhaft-schmerzvollen Stil, der einen mitten in die Eingeweide trifft. Der Regisseur wollte, dass sein Film eine »gewaltige, prometheische Energie« hat, und das hat Stone überzeugend auf die Leinwand gebracht. Der treibende Soundtrack beinhaltet neben Indianergesängen auch Songs von Metallica, Black Sabbath, Gary Glitter, Fatboy Slim sowie Modest Mussorgskis *Bilder einer Ausstellung*. Mit seinen über 3000 Einzeleinstellungen und 1000 digitalen Effekten driftet der Film in absolute Reizüberflutung ab. Das Geplänkel auf dem Spielfeld und die Taktikbesprechungen sind für diejenigen, die sich mit dem Sport nicht auskennen, nicht einfach zu verfolgen, was zur weiteren Verwirrung beiträgt.

Wie die meisten von Stones Filmen ist auch *An jedem verdammten Sonntag* im Grunde ein Film über Männerfreundschaften, und Frauen spielen nur nebensächlich eine Rolle. Abgesehen von Camerons Figur Christina sind die weiblichen Charaktere meistens Spielerfrauen oder Groupies; natürlich darf auch die

eine oder andere Edelnutte nicht fehlen. Pacino spielt den alterfahrenen, etwas in die Jahre gekommenen Football-Coach Tony D'Amato, der viel trinkt, geschieden ist und sich selbst bemitleidet. Seine geliebten Spieler, größtenteils mit dunkler Hautfarbe, sind Amerikas moderne Gladiatoren. Auch wenn die Todesrate bei diesem Spiel wesentlich geringer ist, gibt es doch einige ernsthafte Verletzungen – beispielsweise ein abgetrennter Augapfel, den man auf dem Kunstrasen liegen sieht. Aber die Zuschauer lieben es, schließlich ist es kein Spiel für Weicheier. American Football ist eine religiöse Erfahrung, ein Schlachtfeld und eine Metapher für die amerikanische Gesellschaft genauso wie für das Leben im Allgemeinen. Trotz seiner Laufzeit von über zweieinhalb Stunden ist *An jedem verdammten Sonntag* niemals langweilig.

Gleich zu Beginn des Films sieht man Christina Pagniacci auf dem Titelblatt der Zeitschrift *Forbes*, zusammen mit der Schlagzeile: »Was immer nötig ist«. Auf dem Foto, auf dem sie wie immer schwarze Kleidung in der Farbe ihres Teams trägt, wirkt sie unterkühlt. Christina, die die Sharks von ihrem Vater, einem legendären Teambesitzer und -manager, den der Stress seines Berufes letztendlich umgebracht hat, geerbt hat, wird als »einzige Frau im Profi-Football« bezeichnet. Sie wirkt durchsetzungsstark und geschäftstüchtig, und wenn es um eigene Vorteile geht, kann sie auch manipulativ und rücksichtslos sein. Christina hat das Gefühl, dass die Miami Sharks ein zweitklassiges Team geworden sind. Deswegen will sie die älteren Spieler aus der Mannschaft werfen, weil diese ihrer Meinung nach keine Leistung mehr bringen. Für Trainer D'Amato waren es aber genau diese Spieler, die das Team aufgebaut haben. D'Amato ist verletzt, weil Christina sich von der übermächtigen Maschinerie, zu der der Sport geworden ist, hat verändern und korrumpieren lassen. Seiner Meinung nach respektiert sie weder die Benimmregeln im Umkleideraum, noch geht sie mit den Spielern gelegentlich ein Bier trinken. Noch schlimmer ist, dass sie sich gegenüber »Onkel D'Amato«, den sie seit ihrer Kindheit kennt, nicht loyal zeigt. Mit dieser Darstellung des American Football hat sich Stone bei der NFL sicherlich nicht beliebter gemacht.

Stone erklärte, dass die Erbschaft ihres Vaters für Christina genauso ein Fluch wie ein Segen sei. Da Mr. Pagniacci keinen Sohn hatte, zog er seine Tochter Christina wie einen Jungen auf: hart im Nehmen, kämpferisch und mit eisernem Siegeswillen, und natürlich hat diese Erziehung bei Christina Spuren hinterlassen. Das lässt die Schlussfolgerung zu, dass die Aussage des Films darin besteht, Frauen und Footballmanagement würden einfach nicht zusammenpassen. Camerons eigene Kindheitserfahrungen mit American Football hingegen sind gänzlich positiv – sie sah sich zusammen mit ihrem Vater die Spiele an. Diaz sagte dazu: »Er hatte auch keine Söhne, und meine Schwester und ich dienten sozusagen als Ersatz.«

Diaz schlägt sich gegenüber Pacino in ihren gemeinsamen Streitszenen mehr als tapfer. Christina bemängelt zu Recht, dass D'Amato immer noch in den Sechzigern lebe. Sie vermutet auch, dass er es ihr übel nimmt, dass sie das Team leitet, das er als

Cameron auf der Premiere von *An jedem verdammten Sonntag*

sein eigenes Werk betrachtet. Obwohl sich ihre Methoden voneinander unterscheiden, haben beide das Gefühl, dass sie für die Mannschaft nur das Beste wollen.

An jedem verdammten Sonntag war für Cameron Diaz der erste Film, in dem sie in einer Nacktszene mitspielen musste – allerdings behielt sie ihre Kleidung am Körper und es war ein anderer Schauspieler, der die Hüllen fallen ließ: Bei einer Szene im Umkleideraum schüttelt Christina einem völlig entblößten Spieler die Hand. In einem Interview mit der *Winnipeg Sun* verharmloste Diaz die Erfahrung:

»Es sind immer nur Frauen, die mich nach dieser Szene fragen, komischerweise nie Männer. Das war eine der Szenen, bei denen man einfach vor die Kamera tritt und seinen Job macht – und natürlich nicht nach unten starrt.«

Diaz behauptete, während des Drehs nicht in Versuchung geraten zu sein und das beste Stück ihres Filmpartners erst bei der ersten Vorführung des fertigen Films gesehen zu haben. Diaz sagte: »Ich bin mir sicher, dass Oliver Stone sehen wollte, wie weit er gehen kann. Aber ich hatte mit der Szene keine Probleme. Ich kann mit so was umgehen.«

Oliver Stone hat in seinen Filmen generell kaum vernünftig ausgearbeitete Rollen für Frauen, und man muss es Cameron Diaz zugute halten, dass sie aus dieser schwachen und schlecht geschriebenen Rolle so viel herausholt. Das Drehbuch schlägt sich so sehr auf die Seite von D'Amato und stellt dessen noble Seiten in den Mittelpunkt. Diaz stellt die kalte, gefühllose Christina so überzeugend dar, dass es einfach nur passend ist, was Charlton Heston in der Gastrolle eines Ligabosses sagt: »Ich glaube wirklich, dass diese Frau ihr Junges fressen würde.«

An jedem verdammten Sonntag wurde mit dem recht einfallslosen Untertitel »Das Leben ist ein hartes Spiel« beworben und lief in den USA Ende 1999 in den Kinos an. Von dem US-Einspielergebnis war Oliver Stone enttäuscht, der die Meinung vertrat, dass der Film erfolgreicher hätte sein können, wenn man einen besseren Veröffentlichungstermin gewählt hätte. Die Kritiker betrachteten Stones neues Werk mit gemischten Gefühlen: »Es ist einer der unterhaltsamsten, rasantesten Stone-Filme, aber auch der erste, bei dem man das Gefühl bekommt, der Querkopf hätte nach all den Jahren nichts mehr zu sagen. Der leidenschaftliche Filmemacher ist bei seinem neuen Werk von seiner Passion gezähmt worden. Ein mitreißendes Spiel, aber es ging verloren. War wohl die falsche Taktik.« Cameron erhielt für ihre schauspielerischen Leistungen in dem Film jeweils einen ALMA Award und einen Blockbuster Entertainment Award.

Zur Enttäuschung aller Boulevardjournalisten hatte es bisher nicht viel über Camerons Privatleben zu berichten gegeben. Mit 17 hatte sie eine Beziehung mit dem Videoregisseur Carlos de La Torre und blieb mit ihm etwa fünf Jahre lang ohne größere Skandale zusammen. Auch als Cameron mit Matt Dillon zusammen war, gab es nicht viel über sie zu berichten, weil Dillon und Diaz ihre Beziehung so privat wie nur möglich hielten. Auch als sie sich nach drei Jahren trennten, blieben beide relativ schweigsam, was die Spekulationen in der Presse nur anheizte.

Cameron Diaz

Szenenfotos aus *3 Engel für Charlie – Volle Power*

Anfang 1999, nach einem kurzen Techtelmechtel mit Regisseur Oliver Stone, verliebte sich Cameron Diaz in den Schauspieler und Rockmusiker Jared Leto. Dieser war durch seine Rolle in der Fernsehserie *Willkommen im Leben* bekannt geworden und hatte in Filmen wie *Der schmale Grat* (1998), *Durchgeknallt* (1999) und *Requiem For A Dream* (2000) mitgespielt. 1998 gründete Leto die Rockband 30 Seconds To Mars, mit der er passable Erfolge verbuchen konnte. Am bekanntesten dürfte allerdings seine Nebenrolle in dem Film *Fight Club* (1999) sein, wo er die Figur Angel Face spielt und von Edward Norton äußerst brutal vermöbelt wird. Cameron Diaz flog oft während der Drehpausen von *An jedem verdammten Sonntag* von Miami nach Toronto, wo Leto den Film *American Psycho* (2000) drehte, und es schien, dass ihre Beziehung mit Leto gut lief:

»Jared ist einfach fantastisch. Wir haben viel Spaß miteinander, gehen viel aus oder gehen tanzen – wir unternehmen Dinge, die ich wirklich gern mache. Bei Jared muss ich mir keine Gedanken über seine Launen machen.«

Diese Aussage lässt sich so deuten, dass ehemalige Liebhaber wie Matt Dillon nicht so pflegeleicht gewesen sind. Diaz und Leto waren so glücklich miteinander, dass sie im November 2000 sogar Verlobungsringe austauschten. Zuvor waren die Gerüchte aufgekommen, dass Cameron sich fast von Leto getrennt hätte, weil dieser seine Vorbereitungen auf den Film *Requiem For A Dream* zu ernst genommen habe. Leto, der in dem Film einen Heroinabhängigen spielt, hatte während dieser Zeit angeblich 14 Kilo abgenommen und gänzlich auf Sex verzichtet. Im Juli 2001 veröffentlichten amerikanische Klatschblätter Anschuldigungen, dass Jared Cameron betrogen habe. Diese Gerüchte wurden von Cameron aus der Welt geschafft, indem sie öffentlich sagte, dass ihre Beziehung so stark sei wie eh und je:

»Wir sind seit zweieinhalb Jahren zusammen und wir sind immer noch sehr glücklich.«

Was auch immer der Wahrheit entsprach, Diaz und Leto trennten sich kurze Zeit später. (Angeblich wurde Leto zusammen mit einer anderen Frau im Pariser Hilton erwischt. Andere Quellen berichten, dass es sich um eine Frau namens Paris Hilton gehandelt habe – so viel zur akkuraten Berichterstattung der Boulevardpresse.) Jedenfalls war es für Camerons Liebesleben scheinbar nicht nur ein Segen, eine »perfekte Frau« zu sein.

Nach dem vor Testosteron strotzenden Sportfilm *An jedem verdammten Sonntag* spielte Diaz in dem wesentlich ruhigeren Episodenfilm *Gefühle, die man sieht* (2000) mit. Autor und Regisseur des Films war der ehemalige Kameramann Rodrigo Garcia, der das Projekt mit einem Zuschuss von Robert Redfords Sundance Institute entwickelt hatte. Der Film besteht aus fünf Episoden über eine Gruppe unterschiedlicher Frauen, die im San Fernando Valley leben. Dabei dreht es sich um eine Ärztin, eine Bankdirektorin, eine Polizistin, eine alleinerziehende Mutter und eine lesbische Wahrsagerin. Neben Cameron Diaz spielten in dem Film weitere Hollywoodgrößen mit, unter anderen Glenn Close, *Ally McBeal*-Star Calista

Cameron Diaz

Kapitel 2: Verrückt nach Cameron

Vorherige Doppelseite: Cameron 2001 bei den Blockbuster Entertainment Awards und Szenen aus *3 Engel für Charlie*; diese Seite: Diaz als blinde Musiklehrerin Carol in *Gefühle, die man sieht*, 2003

Flockhart und Holly Hunter; Letztere hatte mit Diaz schon bei *Lebe lieber ungewöhnlich* vor der Kamera gestanden.

Cameron taucht in der letzten Episode als blinde Schwester von Kathy (gespielt von Amy Brenneman) auf. Kathy ist eine Polizistin, die den Selbstmord einer alten Schulfreundin untersucht, die sich anscheinend ebenfalls aus Einsamkeit umgebracht hat. Carol hört von dem Fall und versucht, eine Erklärung für den Freitod zu finden.

Sogar jene Kritiker, die den Film verrissen, lobten Camerons schauspielerische Leistung. Carol ist eine lebensbejahende junge Frau, die sich durch ihre Behinderung nicht einschränken lässt. Die begabte Klavierspielerin, die auch Unterrichtsstunden gibt, beginnt eine Affäre mit dem Vater einer ihrer Schülerinnen. Ihre Schwester Kathy hingegen ist das absolute Gegenteil von Carol, sie hat Angst davor, ihre Gefühle offenzulegen.

Manchmal übertreibt es der Film mit heftiger Ironie und eklatantem Symbolismus – zum Beispiel bei der Fähigkeit der blinden Carol, Dinge zu »sehen«, die ihre Schwester nicht sehen kann. Trotz seiner knapp achtzig Minuten ist *Gefühle, die man sieht* durch die starken schauspielerischen Leistungen recht kurzweilig, vor allem dank des unterschwelligen Humors, der dem Film ein wenig die schwere Note nimmt.

Gefühle, die man sieht feierte im Januar 2000 seine Premiere auf dem Sundance Festival. Insgesamt wurde er positiv aufge-

Kapitel 2: Verrückt nach Cameron

nommen und zog auch beim Filmfestival in Cannes einige Aufmerksamkeit auf sich. MGM/United Artists war aber unsicher, was das kommerzielle Potenzial des Films in den USA betraf, daher beschloss man, den Film nicht in die Kinos zu bringen. In Deutschland fand der Film einen Verleih und startete am 17. März 2003 in den Kinos mit fast drei Jahren Verspätung.

Das nächste Filmprojekt, das Cameron in Angriff nahm, sollte sie zu einer der bestbezahlten Schauspielerinnen der Welt machen. *Drei Engel für Charlie* war eine Fernsehserie aus den Siebzigern über drei Privatdetektivinnen und ihren mysteriösen Auftraggeber, den Millionär Charlie Townsend. Die drei Hauptdarstellerinnen Farrah Fawcett, Kate Jackson und Jaclyn Smith und die Mischung aus Glamour, Action und Wortwitz machten *Drei Engel für Charlie* zu einer der erfolgreichsten Serien der Siebziger. Zwanzig Jahre später wurde die Serie für die Kinowelt wieder aufgegriffen – dieses Mal noch glamouröser als jemals zuvor. Der Film *3 Engel für Charlie* (2000) bot jede Menge Action, atemberaubende Stunts, Kung-Fu-Kämpfe, in denen scheinbar die Schwerkraft überwunden wurde, feinste digitale Effekte, einen großartigen Soundtrack und eine gehörige Portion Humor. Cameron spielt eine der unglaubwürdigsten Undercoveragentinnen, die es jemals auf der Kinoleinwand gegeben hat – so sieht man sie in einer Szene ausgelassen in Spiderman-Unterwäsche vor dem Spiegel herumtanzen.

85

3 Engel für Charlie war eines der Filmprojekte, für das es in Hollywood schon lange Pläne gab, bevor es grünes Licht von einem Studio bekam. Wahrscheinlich waren viele Studios etwas skeptisch, was die Adaption einer Fernsehserie fürs Kino betraf: Der Actionfilm *Mission: Impossible* (1996) mit Tom Cruise, der auf der Serie *Kobra, übernehmen Sie* basierte, war zwar ein großer Erfolg an den Kinokassen gewesen, aber Filme wie *Lost In Space* (1998 – basierend auf *Verloren zwischen fremden Welten*) und *Mit Schirm, Charme und Melone* (1998) waren gnadenlos gefloppt. Mitte der Neunziger hatte Demi Moore die Idee, die Engel erneut auf die Kinoleinwand zu bringen, aber als ihr Stern sank, ging auch ihr Vorhaben unter. Schließlich übernahm die Schauspielerin Drew Barrymore das Projekt, wobei sie nicht nur eine der Hauptrollen übernahm, sondern auch als Produzentin fungierte. Barrymore hatte sich frühzeitig die Rechte gesichert und fand in dem Filmriesen Columbia TriStar den perfekten Partner. Mit einem beeindruckenden Budget von 92 Millionen Dollar musste *3 Engel für Charlie* einfach ein Blockbuster werden, allein um die hohen Produktionskosten wieder einzuspielen. Während Barrymore keine Probleme hatte, Cameron Diaz zu diesem Projekt zu überreden, war es doch schon wesentlich schwieriger, die Rolle des dritten Engels zu besetzen. Zahlreiche vorgesehene Co-Stars kamen und gingen – darunter Catherine Zeta-Jones, Halle Berry, Angelina Jolie,

Kapitel 2: Verrückt nach Cameron

3 Engel für Charlie – Volle Power, 2003

Liv Tyler, Jada Pinkett, Lauryn Hill und Thandie Newton –, und sogar die sonst so unbekümmerte Cameron wurde langsam ungeduldig: »Irgendwer muss jetzt ganz schnell eine Entscheidung treffen.« Das neue Team der drei Engel wurde durch Lucy Liu komplettiert, die durch die Fernsehserie *Ally McBeal* bekannt geworden war. Diaz bekam eine Gage von happigen 12 Millionen Dollar und die Chance, ein paar Kinderfantasien wieder aufleben zu lassen. Sie sagte in einem Interview:

»Zu der Zeit, als die Serie im Fernsehen lief, war ich gerade im Kindergarten. Meine Schwester spielte immer Farrah, weil sie lange Haare hatte. Ich spielte die Figur, die mich meine Schwester spielen ließ – das war meist immer Bosley.«

Dieses Mal wurde die Rolle des Bosley, Charlies treuen Verbindungsmannes, von dem erfahrenen Komödiendarsteller Bill Murray gespielt.

Als Regisseur wählte Drew Barrymore den Videoclipregisseur Joseph McGinty Nichol, besser bekannt als McG, aus. Er hatte zuvor Musikvideos für Korn, Barenaked Ladies, The Offspring, Smash Mouth und Sugar Ray gedreht; *3 Engel für Charlie* sollte sein Spielfilmdebüt werden. McG wollte dem Film ein hippes Party-Flair verleihen, und auch während der Produktion versprühte er pausenlos Enthusiasmus und Energie, indem er beispielsweise nach jeder gedrehten Szene applaudierte.

Für die energiereichen Kampfszenen mussten die drei Engel ein dreimonatiges Intensivtraining über sich ergehen lassen – acht Stunden am Tag, sechs Tage in der Woche –, unter Anleitung des chinesischen Martial-Arts-Meisters Yuen Cheung-Yan.

Barrymore und Liu, dass sie eine harte Zeit vor sich hatten:

»Unser Trainer sagte: ›Wir stellen euch jetzt euren neuen besten Freund vor. Ihr werdet lernen, ihn zu lieben, ihn mit offenen Armen zu empfangen und ihn beim Namen nennen zu können.‹ Wir fragten: ›Wie heißt er?‹ Die Antwort lautete: ›Schmerz.‹«

Da Cameron von Natur aus sportlich ist, hatte sie die Kampfschritte schnell verinnerlicht. Der britische Stuntkoordinator Vic Armstrong, bekannt durch seine Arbeit an den jüngsten James-Bond-Filmen, lobte die Eleganz von Camerons Bewegungen. Als die Dreharbeiten im Januar 2000 begannen, waren alle drei Schauspielerinnen bestens auf die Kung-Fu-Szenen vorbereitet, auch wenn einige von Barrymores Tritten deutlich ihr Ziel verfehlten.

Während der Dreharbeiten für *3 Engel für Charlie* entdeckte Diaz, dass ihre Rolle eine große Auswirkung auf ihre Garderobe hatte:

»Es gab Zeiten, da dachte ich: ›Mann, dieses Outfit würde so scharf mit Stöckelschuhen aussehen.‹ Ich wollte Schuhe mit zehn Zentimeter hohen Absätzen und Schnüren; eben diese Schuhe, mit denen man mit seiner Pediküre angeben konnte. Aber das ging ja nicht. Am Anfang der Szene wären diese Schuhe ja in Ordnung gewesen, weil ich nur einem Typen gegenüberstehe. Aber irgendwann war es immer so weit, dem Typen gewaltig in den Arsch zu treten, und dazu brauchte man unbedingt die richtigen Schuhe.«

McG hatte sich bei den Kung-Fu-Actionszenen sehr von dem Film *Iron Monkey* (1993) inspirieren lassen, ein Martial-Arts-Klassiker, der von Cheung-Yans Bruder Yuen Woo-Ping gedreht worden war. Woo-Ping war unter anderem für die Choreografien in *Matrix* (1999) und *Tiger and Dragon* (2000) zuständig gewesen. Neben den Grundlagen der Martial-Arts-Bewegungen mussten die drei Schauspielerinnen auch lernen, mit einem Sicherheitsseil zu fliegen; das sollte auf der Leinwand den Eindruck erwecken, dass sich die Agentinnen auf übermenschliche Weise bewegten. Der Martial-Arts-Crashkurs war aber nicht ohne – von Anfang an wussten Diaz,

Wie bei vielen großen Filmproduktionen gab es auch bei *3 Engel für Charlie* Gerüchte über Wutausbrüche der Stars, Zank

Kapitel 2: Verrückt nach Cameron

Links: Cameron mit ihrem Freund Edward Norton
Unten: Die drei Engel bei den Blockbuster Entertainment Awards 2001

hinter den Kulissen und Handgreiflichkeiten. Angeblich war Bill Murray aus der Produktion ausgestiegen, nachdem er mit Lucy Liu aneinandergeraten war. An dieser Geschichte, die von der Boulevardpresse völlig übertrieben breitgetreten wurde, schien allerdings etwas Wahres zu sein: Als die erste Szene in Charles Townsends Büro ohne fertiges Drehbuch gedreht werden sollte, hatten die Darsteller und die Crew keine genaue Vorstellung davon, wie diese Sequenz gespielt werden sollte. Laut Regisseur McG hatten Murray und Liu eine sehr »intensive Diskussion« über das Zusammenspiel der Figuren. Auffällig ist, dass Bosley in einigen wichtigen Szenen, die im Büro spielen, nicht anwesend ist, obwohl er logischerweise präsent sein müsste. Aber um Logik geht es bei 3 *Engel für Charlie* ganz sicher nicht.

Der Film ist erstklassige Unterhaltung, bei der es nicht um Realitätsnähe geht. Mit seiner eigenen Leichtigkeit und Oberflächlichkeit spielend, verbindet er lustvoll Kitsch und Ironie, was sich darin zeigt, dass das Make-up allen Kämpfen und lebensbedrohlichen Situationen zum Trotz immer perfekt sitzt. Barrymore, Diaz und Liu entsprechen wohl kaum dem klassischen weiblichen Rollenbild; die neuen Engel sind fast allen Männern, denen sie begegnen, haushoch überlegen. Co-Star Bill Murray beschrieb den Film mit den Worten: »Es geht um Frauen, die sich ein

wenig amüsieren.« Besser hätte man es nicht beschreiben können.

Regisseur McG wollte für 3 *Engel für Charlie* eine cartoon- und bilderbuchähnliche visuelle Qualität mit leuchtenden Farben schaffen. Der Stil war an *James Bond*, *Austin Powers* und *Matrix* angelehnt, besonders in den Actionszenen. Anspielungen auf die Fernsehserie gibt es zur Genüge, zum Beispiel wenn die Engel in typischer Weise ihre Haare in Zeitlupe zurückwerfen. Die Requisitenabteilung stellte Bosley sogar die originale Gegensprechanlage aus der Serie auf den Schreibtisch, über die sich die Engel mit Charlie unterhalten. Die früheren Engel Farrah Fawcett, Kate Jackson und Jaclyn Smith lehnten jedoch das Angebot ab, Gastrollen in dem Film anzunehmen.

Die Handlung ist recht einfach gestrickt: Der High-Tech-Programmierer Eric Knox (Sam Rockwell) wird entführt, und Charlie beauftragt die drei Engel, den Fall aufzuklären. Der Hauptverdächtige ist Knox' Konkurrent Roger Corwin (Tim Curry), der in den Besitz von Knox' Erfindung kommen möchte. Bald stellt sich jedoch heraus, dass Knox selbst hinter alldem steckt und seine entwickelte Software nutzen will, um Charlie zu finden und ihn zu töten – Knox will sich an Charlie rächen, weil dieser angeblich für den Tod von Knox' Vater verantwortlich ist. Die drei Engel müssen einige Abenteuer durchstehen, um ihren Boss vor dem verrückten Knox retten zu können.

3 *Engel für Charlie* erhielt gemischte Kritiken, wobei manche den Film überschwänglich lobten, andere ihn förmlich in der Luft zerrissen. In einigen Kritiken hieß es, dass Bill Murray als Bosley enttäuschte, weil er sein schauspielerisches Talent nicht ausspielte (vielleicht lag es doch an den angeblichen Reibereien am Set). Andererseits wurde Crispin Glover für seine Rolle als Thin Man gelobt, ein Bösewicht, der niemals ein Wort von sich gibt, sämtliche Kämpfe mit den Engeln übersteht und letztendlich von seinem Boss in die Luft gejagt wird. Auch wenn es 3 *Engel für Charlie* an bedeutungsvollen Aussagen mangelt, ist der Film einfach sehr unterhaltsam.

Cameron Diaz ist zweifellos das Aushängeschild von 3 *Engel für Charlie* und war die 12 Millionen Dollar Gage absolut wert. Die nette, gutmütige und irgendwie verrückte Natalie Cook stellt einen wirkungsvollen Kontrast zu der smarten Dylan Sanders (Drew Barrymore) und der vornehmen Alex Munday (Lucy Liu) dar. Natalie ist ein fröhliches, gutaussehendes Mädchen aus Kalifornien, das zufälligerweise auch noch Sprachforscherin, Ornithologin und eine erstklassige Geheimagentin ist. Im Gegensatz zu Dylan und Alex belässt es Natalie nicht nur bei sexuellen Andeutungen, sie spricht es geradewegs aus – wie etwa bei einem attraktiven Briefträger, dem sie sagt, er könne auch Post in ihren Schlitz stecken. Camerons trockene Darbietung dieses Satzes brachte ihr eine Nominierung bei den MTV Movie Awards 2001 in der Kategorie »Bester Satz in einem Film« ein.

3 *Engel für Charlie* kam in den USA im November 2000 in die Kinos und spielte allein am ersten Wochenende eine beeindruckende Summe von 40 Millionen Dollar ein. In Deutschland startete der Film etwa vier Wochen später, und auch hier

Mit Ewan McGregor, dem Co-Star aus *A Life Less Ordinary – Lebe lieber ungewöhnlich*

zeigte sich das Publikum begeistert. Der Actionfilm wurde weltweit ein großer Erfolg und spielte insgesamt über 250 Millionen Dollar ein. Die drei Engel-Darstellerinnen durften sich später für ihre Darbietungen einen Blockbuster Entertainment Award teilen.

Cameron Diaz und Lucy Liu waren kurz darauf geladene Gäste bei der Hochzeit von Drew Barrymore und dem Comedy-Schauspieler Tom Green. Das Paar hatte sich bei den Dreharbeiten zu *3 Engel für Charlie* kennengelernt, in dem Green Dylan Sanders' durchgeknallten Freund Chad gespielt hatte. Barrymore und Green konnten zwar auf der Leinwand als Paar überzeugen, aber ihre echte Beziehung sollte nur von kurzer Dauer sein. Mit Diaz und Liu verbindet Barrymore jedoch heute noch eine tiefe Freundschaft.

Der Erfolg von *3 Engel für Charlie* schrie zwangsläufig nach einer Fortsetzung, in der so viele Originalschauspieler aus dem ersten Teil mitspielen sollten wie nur möglich. Für Columbia TriStar war es jedoch am wichtigsten, Drew Barrymore, Cameron Diaz und Lucy Liu wieder als Engel gewinnen zu können. Im November 2001 wurde bekannt gegeben, dass McG beim zweiten Teil wieder im Regiestuhl sitzen sollte. Einen Monat später verkündete die Zeitschrift *Daily Variety*, dass Diaz einen Vertrag für die Fortsetzung unterschrieben hatte und dafür einen Scheck über stolze 20 Millionen Dollar entgegennehmen sollte. Produzentin und Co-Star Drew Barrymore war bereits an Bord, nur Lucy Liu befand sich angeblich noch »in Gesprächen« – wahrscheinlich um ihre Gage in die Höhe zu treiben. Aber egal ob Liu mitmachte oder nicht, die Dreharbeiten zum zweiten Teil von *3 Engel für Charlie* sollten im Sommer 2002 beginnen, und Columbia hoffte, den Film entweder Ende 2002 oder Anfang 2003 in die Kinos bringen zu können.

Cameron Diaz war nun für ihre ehemalige Filmpartnerin Julia Roberts zur ernsthaften Konkurrenz geworden, was die Bezeichnung »bestbezahlte Schauspielerin der Welt« betraf.

KAPITEL 3:

AN DER SPITZE HOLLYWOODS

Nach dem großen Erfolg von *3 Engel für Charlie* folgte für Cameron zunächst ein kleiner Rückschlag. Im Januar 2001 wurde der Film *Invisible Circus* auf dem Sundance Festival vorgestellt, die Dreharbeiten zu dem Film hatten bereits im Mai 1999 stattgefunden und neun Wochen gedauert. Die Verzögerung bei der Veröffentlichung kam größtenteils dadurch zustande, dass es bei der Nachbearbeitung des Materials Probleme beim Schnitt gegeben hatte. *Invisible Circus* wurde nach der Premiere nur in wenigen Kinos in New York und Los Angeles gezeigt und lief nur eine Woche, bevor er wieder abgesetzt wurde. Insgesamt hatte der Film nur 78.000 Dollar eingespielt und dürfte wohl als größter Flop in Camerons Karriere gelten.

Während *Invisible Circus* an den meisten Kinofreunden unbemerkt vorbeiging, dürfte dagegen wohl jeder den computeranimierten Film *Shrek – Der tollkühne Held* (2001) gesehen haben. Zum ersten Mal seit *Die Maske* spielte Cameron Diaz wieder neben einer komischen Figur mit grünem Gesicht und einer sentimentalen Ader, allerdings lieh sie diesmal der animierten Prinzessin Fiona nur ihre Stimme. *Shrek* basiert grob auf einem Bilderbuch von William Steig, das 1990 veröffentlicht wurde, und in der Geschichte geht es um einen ruppigen, aber gutmütigen grünen Oger, der eine entführte Prinzessin retten soll. Auch wenn es zuerst wie eine traditionelle Märchengeschichte klingt, ist das Endresultat doch überraschend anders.

Shrek war eine Produktion aus dem Hause PDI-DreamWorks, dem mit *Antz* (1998) bereits zuvor ein computeranimierter Kinohit gelungen war. In der amerikanischen Fassung von *Shrek* lieh *Austin Powers*-Star Mike Myers dem grünen Helden seine Stimme, obwohl zunächst der in der US-Fernsehshow *Saturday Night Live* berühmt gewordene Comedian Chris Farley für diese Rolle geplant war. Farley war allerdings stark drogenabhängig und starb kurz nachdem er seinen Part für den Film gesprochen hatte. Unter diesen Umständen hielt DreamWorks es für besser, der Hauptrolle einen neuen Sprecher zu geben.

Die Stimme des Esels übernahm im amerikanischen Originalfilm Eddie Murphy, wie auch Mike Myers ein weiterer ehemaliger *Saturday Night Live*-Darsteller, der seine abflauende Karriere mit den beiden Komödien *Der verrückte Professor* (1996) und *Dr. Dolittle* (1998) hatte wiederbeleben können. Die Synchronisation von Cartoons wird im Vergleich zu den sonstigen Hollywood-Standards relativ gering bezahlt, was schon Robin Williams entdecken musste, als er in Disneys *Alad-*

Vorherige Seite: Die drei schönen Engel
Rechts: Eine glückliche Cameron Diaz

din (1992) seine Stimme der Figur Dschinni lieh (damals erhielt der Schauspieler die kleinstmögliche Gage, die nach den Tarifbestimmungen der amerikanischen Schauspielergewerkschaft möglich war). Für Cameron Diaz lief es nicht ganz so schlecht; sie erhielt für *Shrek* eine Gage von 1,5 Millionen Dollar sowie eine prozentuale Beteiligung am Gewinn, den der Film einspielte. In der deutschen Version des Films hört man unter anderem die Stimmen von Sascha Hehn, Esther Schweins und Rufus Beck.

Shrek hatte ein Budget von 60 Millionen Dollar, und an der Produktion, die insgesamt drei Jahre dauerte, arbeiteten etwa 300 Künstler und Techniker. Die Produzenten wollten, dass der Film möglichst realitätsnah wirkte und einen hohen Grad an Details und Struktur aufwies. Das ursprüngliche Design der Prinzessin Fiona war viel ausgeprägter als die endgültige Version; sie sollte zuerst große Augen wie bei einer Animefigur und eine extrem schmale Hüfte bekommen. Die Regisseure verwarfen diese Idee und entschieden sich für ein mehr oder weniger natürlicheres Aussehen. Eine der größten Herausforderungen war, dass sich Fionas grünes Kleid und ihre braunen Haare auf glaubwürdige Weise bewegten. Es dauerte ein ganzes Jahr, bis die Bewegungen der Prinzessin stimmten; Cameron gab dem Endresultat ihre volle Zustimmung: »Ich dachte nur: ›Wow! Das ist so realistisch.‹« Ihr gefiel besonders, dass Fiona dieselben Angewohnheiten und Manieren hatte wie Cameron selbst. Hin und wieder gibt Fiona auch mal einen Rülpser von sich; Cameron hat diese Aufgabe im Film selbst übernommen und wurde dafür 2001 mit einem Nickelodeon Award für den besten Rülpser ausgezeichnet.

Die Stimmen wurden über einen Zeitraum von 18 Monaten aufgenommen, wobei Terminüberschneidungen der Sprecher dazu führten, dass sie die Dialoge größtenteils separat einsprechen mussten. Die Stimmen der Sprecher sollten auf Wunsch der Regisseure ihren natürlichen Klang behalten und nicht verstellt werden. Cameron erwies sich auch im Tonstudio als absoluter Profi. Bei der Szene, in der Shrek die Prinzessin durch das Drachenschloss zieht, bat sie ein Crewmitglied darum, während der Tonaufnahme an ihrem Arm zu ziehen – immer ganz die Perfektionistin, wollte Diaz auch das Körpergefühl herbeiführen, um ihre stimmliche Darbietung so überzeugend wie möglich zu machen. Produzent Aron Warner beschrieb die Arbeit mit Cameron als »großen Spaß«. Co-Regisseur Andrew Adamson sagte über sie, sie sei »wundervoll, nicht abgehoben – ein sehr normaler Mensch«.

Shrek – Der tollkühne Held beginnt wie ein typisches Märchen mit den bekannten Worten »Es war einmal eine schöne Prinzessin ...«, allerdings wird schon nach kurzer Zeit anhand der Rockmusik und den Insiderwitzen klar, dass dieser Film alles andere als ein normales Märchen sein wird. Shrek, das Monster, lebt in einem Sumpf und wird von allen als dumm, hässlich und gefährlich betrachtet, deshalb will es am liebsten nur in Ruhe gelassen werden. Als der böse Herrscher Lord Farquaad alle Fabelwesen aus dem Land DuLoc vertreibt, flüchten sie alle in den Sumpf, in dem Shrek lebt. Das grüne Monster ist davon gar nicht begeistert

Cameron Diaz

Bei den Aufnahmen zu *Shrek* im Synchronstudio

und geht mit dem fiesen Farquaad einen Deal ein: Wenn Shrek die schöne Prinzessin Fiona, die von einem Drachen in einem Turm gefangen gehalten wird, für den Lord befreien kann, darf das grüne Monster den Sumpf wieder für sich allein haben. Also macht Shrek sich zusammen mit dem sprechenden Esel auf den Weg in ein außergewöhnliches Abenteuer.

Shrek lief in den USA im Mai 2001 in den Kinos an und spielte gleich am ersten Wochenende nach dem Start unglaubliche 40 Millionen Dollar ein. Insgesamt kam der Film in den Vereinigten Staaten auf 267 Millionen Dollar, und weltweit kamen nochmals 217 Millionen Dollar hinzu. Im Februar 2002 erhielt Shrek verdientermaßen einen Oscar in der Kategorie »Bester animierter Spielfilm«.

Zurück in der harten Realität, nahm Cameron Diaz an dem Telethon *America: A Tribute To Heroes* teil, einer Wohltätigkeitsshow der amerikanischen Unterhaltungsindustrie, die nach den Terroranschlägen vom 11. September 2001 von George Clooney organisiert wurde. Unter den zahlreichen Filmstars, die daran teilnahmen, befanden sich Tom Cruise, Tom Hanks, Julia Roberts, Robert De Niro, Goldie Hawn und Clint Eastwood. Außerdem gab es musikalische Beiträge von Künstlern wie Bruce Springsteen, U2, Billy Joel, Tom Petty und Mariah Carey. Cameron stand unter anderem zusammen mit Lucy Liu, ihrer Filmpartnerin aus *3 Engel für Charlie*, bei Willie Nelsons Darbietung des Songs *America The Beautiful* vor der Kamera. Auch wenn viele die Qualität der Show in Frage stellten, konnten immerhin über 150 Millionen Dollar an Spendengeldern für die Familien der Opfer gesammelt werden.

Camerons nächster Film *Vanilla Sky* (2001) könnte als unkonventioneller Versuch bezeichnet werden, einen Mainstream-Kunstfilm zu machen – oder vielleicht auch einfach als Projekt voller maßloser Eitelkeit, das nach Überheblichkeit und Möchtegern-Symbolik stinkt. Hollywoodstar und Produzent Tom Cruise wollte mit diesem äußerst skurrilen Film offensichtlich seinen Ruf als »ernstzunehmender Schauspieler« ausbauen. Der Regisseur des Filmes, Cameron Crowe, hatte zuvor einige Kinohits landen können, unter anderem *Jerry Maguire – Spiel des Lebens* (1996) mit Tom Cruise in der Hauptrolle sowie *Almost Famous – Fast berühmt* (2000). *Vanilla Sky* ist ein Remake des Films *Virtual Nightmare – Open Your Eyes* (1997) von Alejandro Amenábar; dieser Film war eine spanisch-französisch-italienische Co-Produktion und wird als Meisterwerk des spanischen Kinos angesehen. Amenábar bot den Zuschauern einen modernen und soliden Mix aus romantischem Thriller, Film Noir, Science-Fiction und Albtraumfantasien. Crowe und Cruise waren beide große Fans von Amenábars Film und wollten sich bei ihrem Remake ganz nah an das Original halten, indem sie alle Schlüsselszenen übernahmen und nur einige wenige neue Elemente hinzufügten. Crowe beschrieb *Vanilla Sky* als »Rock-Coverversion« des »akustischen« *Virtual Nightmare*. So ehrenhaft ihre Absichten auch waren – das Endresultat ist ein holpriger, verwirrender und lustloser Streifen.

Der Film wurde vom Filmgiganten Paramount finanziert; das Budget über 68 Mil-

Bei der Premiere von *Shrek 2*

lionen Dollar war für einen Tom-Cruise-Film recht bescheiden. Die Dreharbeiten zu *Vanilla Sky* begannen im November 2000 und da sich ein Streik der Drehbuchautoren und Schauspieler ankündigte, mussten Crowe und sein Team schnell arbeiten. Der Regisseur fand, dass die »adrenalingesteuerte« Arbeitsweise ihn dabei unterstützt habe, die »Dringlichkeit« des Materials einzufangen. Manche behaupteten, dass das hastig zusammengeschriebene Drehbuch und der übereilte Dreh nur noch mehr zu dem negativen Endresultat beigetragen hätten.

Tom Cruise spielt David Aames, den verwöhnten Erben eines New Yorker Verlagshauses. Er ist ein hedonistischer, egozentrischer Multimillionär und Playboy, dem die Welt zu Füßen liegt und der seine Mitmenschen ausnutzt, um sie danach fallen zu lassen. Cameron Diaz übernahm die Rolle von Aames' ausrangierter Freundin Julie Gianni; Cruises Figur verlässt sie während einer Geburtstagsparty, nachdem er die sinnliche und attraktive Sofia Serrano (Penélope Cruz) erblickt hat. Die Tatsache, dass Sofia mit Davids bestem Freund zusammen ist, kümmert ihn wenig. Dennoch zeigt sich David von seiner anständigen Seite, als die beiden in ihrer ersten gemeinsamen Nacht nicht miteinander schlafen.

Julie kommt damit nicht klar, dass David sie verlassen hat, und als sie und David zusammen im Auto fahren, verursacht sie absichtlich einen schweren Unfall, den sie nicht überlebt. David wird schwer verletzt, und seit dem Unfall ist sein Gesicht entstellt. Sofia trennt sich daraufhin von ihm, weil sie mit seinen Launen nicht mehr umgehen kann. Am nächsten Tag scheint in Davids Leben plötzlich wieder alles normal zu sein: Sofia kehrt zu ihm zurück, und die Ärzte teilen ihm mit, dass sie sein Gesicht wieder gänzlich herstellen können. Irgendwann erscheint ihm plötzlich Julie, und er weiß nicht, ob er träumt oder ob sie wirklich bei ihm ist. Aus Angst erwürgt David sie und erkennt plötzlich, dass es Sofia war, die er umgebracht hat. David kommt ins Gefängnis, wo er den Psychiater Curtis McCabe (Kurt Russell) kennenlernt. Durch den Psychiater findet David heraus, dass er unwissentlich Kunde bei einer Firma ist, die Davids Leben beeinflussen kann. Er erfährt, dass er sich, nachdem Sofia ihn verlassen hatte, umgebracht hat und bei der Firma eingefroren wurde. Alles, was seitdem passiert war, fand nur in Davids Träumen statt. So verwirrt die Handlung klingt, so verwirrend ist auch der ganze Film.

Obwohl Cameron Diaz bei *Vanilla Sky* nicht gerade lange auf der Leinwand zu sehen ist, liefert sie dennoch eine überzeugende Darbietung ab. Julie Gianni ist die einzige Figur in dem Film, die etwas Menschliches an sich hat, und ihr Verlangen und ihre Enttäuschung wandeln sich in Frustration und Zorn um. Diaz hatte damals bei *Jerry Maguire* schon Interesse bekundet, zusammen mit Tom Cruise vor der Kamera zu stehen. Sie hatte für die Rolle der alleinerziehenden Mutter Dorothy Boyd vorgesprochen, aber Regisseur Cameron Crowe entschied, dass sie nicht die richtige Besetzung dafür war. Somit ging dieser Part an die damals noch relativ unbekannte Renée Zellweger.

Die spanische Schauspielerin Penélope Cruz, die schon im Originalfilm *Virtual Nightmare* mitgespielt hatte, wiederholte ihre Rolle in *Vanilla Sky* als Aames' rätselhafte neue Freundin. Während ihre Romanze auf der Leinwand größtenteils nur illusorisch war, verliebten sich Cruise und Cruz während der Produktion des Films ineinander. Der daraus resultierende Medienrummel schuf einen ganz neuen Grad des Interesses für *Vanilla Sky*. Cruises Exfrau Nicole Kidman hatte kurz zuvor in Alejandro Amenábars erstem englischsprachigen Film *The Others* (2001) mitgespielt, einer äußerst erfolgreichen Geistergeschichte, und so war die ganze Welt gespannt darauf, wie sich Cruises neues Werk an den Kinokassen schlug. Die Beziehung von Cruise und Cruz war allerdings nicht von langer Dauer.

Vanilla Sky wurde mit der rätselhaften Unterschrift »LiebeHassTräumeLebenJobSpielFreundschaftSex« vermarktet und feierte am 10. Dezember 2001 seine USA-Premiere. Mit einem Einspielergebnis von 25 Millionen Dollar am ersten Wochenende schaffte es der Film sogar auf Platz eins der Kinocharts und verdrängte das erfolgreiche Remake *Ocean's Eleven* von der Spitzenposition. Die Filmkritiken fielen größtenteils negativ aus, wie etwa beim *Wall Street Journal*: »Der Tenor des Films ist unauslöschbar überheblich und sein Umfang ist absolut schwülstig.« Die englische Zeitung *The Guardian* beschrieb

Mit Tom Cruise in *Vanilla Sky*

Vanilla Sky als »außergewöhnlich narzisstisches Filmprojekt von Produzent und Darsteller Tom Cruise, das vor vermeintlich großen Ideen und Eitelkeit nur so strotzt – ein sperriger und bombastischer Film, gespickt mit pseudo-futuristischen Ideen.« In Deutschland kam der Film am 24. Januar 2002 in die Kinos.

Während der Tom-Cruise-Penélope-Cruz-Faktor dem Film sicherlich zu einem Anstieg des Publikumsinteresses verhalf, gingen die Besucherzahlen schnell wieder zurück – dennoch spielte der Film weltweit über 200 Millionen Dollar ein. Auch der anspruchsvolle Soundtrack des Films, unter anderem mit Songs von R.E.M., Radiohead, Sigur Ròs und Bob Dylan, fand seine Käufer. Cameron Diaz steuerte sogar selbst einen Song bei: Unter ihrem Filmnamen Julianna Gianni sang sie den Song *I Fall Apart*. Der Song, der zusammen mit Nancy Wilson, Gründungsmitglied der Rockgruppe Heart und Ehefrau von Regisseur Cameron Crowe, entstanden war, konnte sich hören lassen – auch wenn Cameron total aufgeregt war: »Ich musste meine riesengroße Angst überwinden, vor Nancy Wilson in dieser Gesangskabine zu stehen; seit meiner Kindheit war Nancy für mich eine Göttin. Meine Schwester und ich hörten uns ständig die Platten von Heart an und taten so, als wären wir sie.« Cameron Crowe bat Nancy, für Julie einen Song zu schreiben, und ich dachte bloß: ›Das schaffe ich nicht! Den Song kann ich nicht singen!‹«

Obwohl man davon ausging, dass der Film *Vanilla Sky* ein sicherer Anwärter für einige Oscar-Nominierungen sein würde, gab es letzten Endes nur eine einzige: Ex-Beatle Paul McCartney wurde in der Kategorie »Bester Song« für seinen Titel *Vanilla Sky*, den er für den Film geschrieben hatte, nominiert. Diaz erhielt eine weitere Nominierung bei den Golden Globes und musste dieses Mal wieder der Schauspielerin Jennifer Connelly den Vortritt lassen – sie hatte Cameron zuvor schon die Hauptrolle in *Waking The Dead* vor der Nase weggeschnappt, und jetzt er-

hielt Connelly die Auszeichnung für ihre Darbietungen in dem Film *A Beautiful Mind – Genie und Wahnsinn* (2001) mit Russell Crowe.

Bei Camerons nächstem Filmprojekt ging für sie ein großer Wunsch in Erfüllung: Sie durfte für den gefeierten, großartigen Regisseur Martin Scorsese bei seinem neuesten Kinoepos *Gangs Of New York* (2002) vor der Kamera stehen. Scorsese gilt als einer der wichtigsten zeitgenössischen Filmemacher und hat mit Werken wie *Hexenkessel* (1973), *Taxi Driver* (1976) oder *GoodFellas – Drei Jahrzehnte in der Mafia* (1990) die Kinowelt geprägt. Die Idee für *Gangs Of New York*, einen Film, der auf dem gleichnamigen, 1929 erschienenen Roman von Herbert Asbury basierte, hatte Scorsese schon seit Anfang der Siebziger verfolgt, allerdings führten zahlreiche Probleme bei der Umsetzung dazu, dass er erst knapp dreißig Jahre später mit den Dreharbeiten beginnen konnte. Der Film spielt in der Zeit kurz vor dem amerikanischen Bürgerkrieg, als die Stadt New York von politischer Korruption durchzogen war. In den Straßen der Stadt herrschte ein erbitterter Bandenkrieg zwischen den Einheimischen und den Einwanderern, die neu in die Stadt gekommen waren.

Neben Cameron Diaz spielen Leonardo DiCaprio und der britischstämmige Schauspieler Daniel Day-Lewis, der für seine Darbietungen in den Filmen *Mein linker Fuß* (1990) und *There Will Be Blood* (2007) jeweils mit einem Oscar ausgezeichnet wurde. DiCaprio hatte sich Anfang der Neunziger mit den Filmen *Gilbert Grape – Irgendwo in Iowa* (1993) und *Jim Carroll – In den Straßen von New York* (1995) einen Namen als Schauspieler gemacht. Durch die Filme *William Shakespeare's Romeo & Julia* (1996) und *Titanic* (1997) erwarb er den Ruf als Teenieschwarm, den

Mit Daniel Day-Lewis (links) und Leonardo DiCaprio (rechts) in *Gangs Of New York*

er nur schwer wieder loswerden konnte. Da DiCaprio ein großer Fan von Scorsese war, hatte er schon im Februar 1999 für die Rolle in *Gangs Of New York* zugesagt, lange bevor die Produktion begann. Daniel Day-Lewis erhielt seine Rolle erst, nachdem Robert De Niro seine Beteiligung an dem Film abgesagt hatte. In weiteren Nebenrollen sind Liam Neeson (*Schindlers Liste* [1993]), John C. Reilly (*Magnolia* [1999]) und Brendan Gleeson (bekannt als Mad-Eye Moody aus den *Harry Potter*-Filmen) zu sehen.

Gangs Of New York dreht sich um die tödliche Rivalität zwischen zwei Gangs, den Natives (die Einheimischen) und den Dead Rabbits (irische Einwanderer), die sich im New Yorker Stadtteil Five Points einen erbitterten Kampf um die Vormachtstellung liefern. Die Natives werden von Bill »The Butcher« Cutting (Day-Lewis) angeführt, der bei dem Kampf gegen die Dead Rabbits deren Anführer, Priest Vallon (Neeson), umbringt. Vallons Sohn Amsterdam (DiCaprio) wird nach dem Tod seines Vaters in ein Waisenhaus gebracht und kehrt nach 16 Jahren zurück in die Five Points, um sich an Bill The Butcher zu rächen. Amsterdam erschleicht sich Bills Vertrauen, der die Five Points mittlerweile wie ein König regiert, und wird zu Bills rechter Hand. Dabei verliebt er sich in Bills Freundin, die Taschendiebin Jenny Everdeane (Diaz).

Cameron Diaz erhielt ihre Rolle erst relativ spät; zuerst sollte die britische Schauspielerin Anna Friel den Part der Jenny übernehmen und stand auch schon bei den Dreharbeiten, die teilweise in Italien stattfanden, vor der Kamera. Friel sagte damals in einem Interview mit dem *Guardian*: »Ich hatte einen Tag lang am Set gearbeitet, als die Produzenten anriefen und sagten: ›Cameron will die Rolle übernehmen.‹« Friel wusste Bescheid, wie die Dinge in Hollywood liefen, daher überließ sie Cameron die Rolle. Die britische Schauspielerin hegte auch keinen Groll gegenüber Diaz: »Ich konnte es verstehen ... Ich hätte mich an ihrer Stelle auch für Cameron entschieden.«

Cameron selbst war überglücklich, für Scorsese vor der Kamera stehen zu dürfen. In einem Interview mit der BBC sagte sie: »Wenn man die Gelegenheit bekommt, mit Martin Scorsese zu arbeiten, ist es egal, wohin man geht oder wie lange man wegbleibt. Es geht darum, es zu tun und die Erfahrung machen zu dürfen. Ich fand,

dass es ein tolles Set war. Mir gefiel es so sehr, dort zu sein und mit Martin, Daniel, Leo und all den anderen Schauspielern an diesem Film zu arbeiten. Es war wie ein Traum, der absolute Traum, und ich bin so glücklich und dankbar, dass ich ein Teil davon sein durfte.« Natürlich wurde in der Boulevardpresse gleich wieder das Gerücht verbreitet, dass Cameron und Leo ein Paar seien. Zu den Dreharbeiten mit ihrem Co-Star sagte sie nur: »Leo und ich sind Freunde, das macht die ganze Sache wesentlich einfacher.«

Mit einem Budget von rund 100 Millionen Dollar begannen die Dreharbeiten zu *Gangs Of New York* am 30. August 2000 in den Cinecittà Studios in Rom. Trotz der zahlreichen Talente vor und hinter der Kamera hatte es langwierige Probleme mit der Finanzierung des Films gegeben. In letzter Minute sprang die New Yorker Filmgesellschaft Miramax ein und sicherte sich die Filmrechte für den amerikanischen Markt, wodurch das Filmprojekt gerettet werden konnte. In den Medien tauchten regelmäßig Berichte über die Verzögerungen bei den Dreharbeiten und sogar über Handgreiflichkeiten am Set auf. Besonders interessiert waren die Journalisten an dem angeblichen Fehlverhalten von Leonardo DiCaprio, der sich wohl zu ausgelassen dem berühmten römischen Nachtleben hingegeben hatte.

Als er am nächsten Tag viel zu spät und völlig verkatert am Set ankam, soll er von Scorsese in aller Öffentlichkeit eine heftige Schelte erhalten haben. Später wurden die Dreharbeiten nach New York umgesiedelt, wo sie im Februar 2001 beendet wurden. Eigentlich sollte *Gangs Of New York* Ende 2001 in die Kinos kommen, aber aufgrund der Terroranschläge vom 11. September wurde die Veröffentlichung zunächst zurückgehalten. Es waren nicht wenige Hollywoodproduktionen, die zu diesem Zeitpunkt entweder aus den Kinos genommen wurden oder gar nicht erst anliefen, weil die darin enthaltene Gewalt oder Szenen von Zerstörung für die immer noch geschockte Öffentlichkeit einfach unangebracht schienen.

Stattdessen beschränkte man sich lieber auf Filme wie *Im Fadenkreuz – Einer gegen alle* (2001) und *Black Hawk Down* (2002), die die Zähigkeit des amerikanischen Militärs und Todesmut in ausländischen Kriegsgebieten feierten. Im Sommer 2002 tauchten wiederum Berichte in den

Bei den Dreharbeiten von *Gangs Of New York*

Medien auf, dass es bei der Post-Produktion von *Gangs Of New York* bittere Kämpfe zwischen Regisseur Scorsese und Produzent Harvey Weinstein gegeben habe.

Am 20. Dezember 2002 startete der Film in den USA endlich landesweit, allerdings drohte das Epos gegen die starke Konkurrenz von *Der Herr der Ringe – Die zwei Türme* unterzugehen, der in derselben Woche anlief. Da Scorseses Film in den USA nur etwa 77 Millionen Dollar und somit nicht einmal die Produktionskosten einspielte, wurde *Gangs Of New York* als Flop bezeichnet. Allerdings kamen weltweit insgesamt über 190 Millionen Dollar zusammen, sodass dieses Urteil wohl etwas vorschnell gefällt worden war – es stellte sich heraus, dass *Gangs Of New York* bis dahin Scorseses erfolgreichster Film war. Die Filmkritiken fielen gemischt aus, wobei viele die übermäßige und überflüssige Gewaltdarstellung bemängelten, allerdings wurden die Leistungen der Hauptdarsteller frenetisch bejubelt. Der Film erhielt zehn Oscar-Nominierungen, unter anderem in den Kategorien bester Film, beste Regie und bestes Drehbuch. Cameron Diaz erhielt erneut eine Nominierung für einen Golden Globe, musste aber mal wieder mit leeren Händen nach Hause gehen.

Seit dem Beginn ihrer Filmkarriere hatte Cameron bis dahin fast pausenlos vor der Kamera gestanden oder an anderweitigen Projekten gearbeitet. Ihr Fleiß und ihr Ehrgeiz hatten sie zu einer der gefragtesten Schauspielerinnen Hollywoods werden lassen, und schon bald sollte sie eine der höchsten Filmgagen erhalten, die jemals eine Schauspielerin erhalten hat.

DER GROSSE WURF

Nach dem anspruchsvollen *Gangs Of New York* brauchte Cameron Diaz etwas Leichtes zum Durchatmen, daher nahm sie eine kleine Gastrolle in der Highschool-Komödie *Slackers – Ran an die Bräute* (2002) an, einem recht seichten Film für Teenager. In der Geschichte geht es um drei Studenten, die sich durch ihre Prüfungen schummeln. Ein verrückter Kommilitone erwischt die drei beim Abschreiben und erklärt sich bereit, sie nicht zu verraten, wenn sie ihm helfen, eine attraktive Studentin ins Bett zu bekommen. Der Film bedient offensichtlich die Fans von *American Pie* und hat außer Camerons kurzem Auftritt als sie selbst nicht viel zu bieten. In den USA lief er am 1. Februar 2002 ohne großen Erfolg an, in Deutschland reichte es gerade für eine Fernsehpremiere im Jahr 2003.

Nach diesem eher ungewöhnlichen Ausflug ins Teeniefilm-Genre tauchte Cameron zunächst in den Filmen *My Father's House* (2002) und *Minority Report* (2002) auf, allerdings war sie in beiden Filmen mehr oder weniger nur als Statistin zu sehen. Ihre nächste Hauptrolle spielte sie in der romantischen Komödie *Super süß und super sexy* (2002). Der Film wurde von Columbia Pictures produziert, die mit *3 Engel für Charlie* gutes Geld verdient hatten und wahrscheinlich deshalb auf Cameron Diaz als Zugpferd setzten. Das erklärt auch die unglaubliche Gage von 15 Millionen Dollar, die Cameron für die Hauptrolle bekam. Damit stieg sie in dieselbe Liga wie Jodie Foster, Meg Ryan und ihre Engel-Kollegin Drew Barrymore auf. So gingen beispielsweise Sandra Bullock

Kapitel 3: An der Spitze Hollywoods

Super süß und super sexy, 2002

und Jennifer Lopez mit etwa 12 Millionen Dollar pro Film nach Hause, während Michelle Pfeiffer, Angelina Jolie, Meryl Streep und Gwyneth Paltrow sich mit 10 Millionen Dollar zufriedengeben mussten. Nur Julia Roberts, Camerons Filmpartnerin in *Die Hochzeit meines besten Freundes*, verdiente mehr als alle anderen – sie hatte für *Erin Brockovich* 20 Millionen Dollar kassiert. Allerdings sollte Cameron schon bald zu ihr aufschließen.

Super süß und super sexy war ein Film von Roger Kumble, einem langjährigen Partner der Farrelly-Brüder Peter und Bobby. Kumble hatte am Drehbuch für *Verrückt nach Mary* mitgearbeitet, wurde aber als Autor nicht namentlich genannt, sondern erhielt im Abspann des Films lediglich eine Danksagung. Ohne die Farrellys hatte Kumble als Regisseur und Autor bereits einen Kinohit mit dem Film *Eiskalte Engel* (1999) landen können. Das Drehbuch für *Super süß und super sexy* schrieb Kumble zusammen mit Nancy Pimenthal, die früher als Stand-up-Comedian aufgetreten war und sich auf Improvisationen spezialisiert hatte. Pimenthal schaffte den Einstieg ins Fernsehen als Autorin für die Zeichentrickserie *South Park*, die sicherlich zu dem seltsamen Humor der Farrellys passte; *Super süß und super sexy* war Pimenthals erstes Drehbuch für einen Spielfilm.

Cameron Diaz spielt Christina Walters, eine attraktive Frau, die sich gern in den

Nachtclubs von San Francisco aufhält und generell etwas bindungsscheu ist. Als sie schließlich Peter (Thomas Jane), den Mann ihrer Träume, kennenlernt, will sie ihn unbedingt für sich gewinnen. Peter lädt sie zur Hochzeit seines Bruders ein, und zusammen mit ihrer besten Freundin Courtney (Christina Applegate) macht Christina sich schließlich auf den Weg, allerdings geht dabei einiges schief. Der Film spielte weltweit 69 Millionen Dollar ein, dennoch wurde er als Flop bezeichnet.

Auch wenn Camerons Erfolgskurve durch *Super süß und super sexy* einen ganz kleinen Knick erhalten hatte, so konnte sie sich mit ihrem nächsten Projekt auf der sicheren Seite fühlen. Die Fortsetzung des so erfolgreichen Actionfilms *3 Engel für Charlie* brachte der Schauspielerin unglaubliche 20 Millionen Dollar Gage ein. Ihre beiden Co-Stars Drew Barrymore und Lucy Liu waren auch wieder an Bord, ebenso wie Crispin Glover, Luke Wilson, Matt LeBlanc und John Forsythe. Bill Murray hatte es abgelehnt, im zweiten Teil erneut die Rolle des Bosley zu übernehmen, was aber nach den Querelen des ersten Teils kaum überraschend war. In einer weiteren Hauptrolle ist Demi Moore zu sehen, einst Anwärterin für den ersten *3 Engel*-Film.

3 Engel für Charlie – Volle Power hatte ein Budget von stolzen 120 Millionen Dollar und wurde vom 1. August bis 21. Oktober 2002 in Los Angeles gedreht. Nachdem die Bosse des Filmgiganten Columbia einen ersten Rohschnitt des Films gesehen hatten, ordneten sie für einige Szenen Re-Shootings an, die vom 13. Dezember 2002 bis 24. Januar 2003 stattfanden. Wenn die Filmbosse nachträgliche Dreharbeiten anordnen, heißt das nicht unbedingt, dass es sich bei dem Film um zu schlechtes Material handelt – da es sich aber in diesem Falle um sechs Wochen zusätzliche Drehzeit handelte, konnte das nur bedeuten, dass der Film radikal überarbeitet werden musste. Wahrscheinlich wollte Columbia bei einem so hohen Filmbudget sichergehen, dass das Endprodukt auf jeden Fall ein Erfolg wurde.

Trotz des Titels *Volle Power* kann der Film nicht wirklich Höchstgeschwindigkeit erreichen. Die aufwendigen Sets, die hypermodernen Computereffekte und die endlose Selbstparodie sind auf Dauer doch eher ermüdend als aufregend. Verglichen mit dem Vorgänger schwankt *3 Engel für*

Super süß und super sexy

Charlie – Volle Power im Ton, und der typische Stil von Regisseur McG – teils Videospiel, teils Musikvideo, teils Martial-Arts-Kampfeinlagen – ist in diesem Film nervend. Die endlosen Bezüge auf die Popkultur und zahlreiche Gastauftritte, unter anderem von John Cleese und Bruce Willis, tragen nur zu dem Gefühl bei, dass den Machern des Films beim zweiten Teil die Ideen ausgegangen sind.

In *3 Engel für Charlie – Volle Power* sind die drei Protagonistinnen auf der Suche nach Titanringen, auf denen wichtige Informationen der Regierung über das Zeugenschutzprogramm in den USA gespeichert sind. Als die ersten Personen aus dem Schutzprogramm ermordet aufgefunden werden, machen sich die Engel auf die Jagd nach dem Dieb und finden heraus, dass die Ringe von Ex-Engel Madison Lee (Moore) gestohlen wurden, die sie an die Mafia verkaufen will. Da Lee früher selbst für Charlie gearbeitet hat, ist sie den drei jetzigen Engeln immer einen Schritt voraus.

Cameron Diaz zeigt sich auch in diesem *3 Engel*-Film wieder von ihrer besten Seite und versprüht in der Rolle der Natalie Cook einen ansteckenden Enthusiasmus, egal ob beim Bullenreiten oder bei der Analyse von Vogelkot. Diaz hat ein Händchen dafür, den zweideutigen Dialogen Leben einzuhauchen und macht auch in den verrücktesten Kostümen eine gute Figur. Natürlich darf auch diesmal ihre Tanzeinlage nicht fehlen: Dieses Mal schwingt sie ihr Hinterteil zu den Klängen von MC Hammer.

Wie schon im ersten Teil konnte man auch bei der Fortsetzung wieder deutlich sehen, wie gut sich die drei Hauptdarstellerinnen verstehen. Cameron sagte in einem Interview, dass die Chemie zwischen Barrymore, Liu und ihr »einfach stimmt« und dass sie die Rolle im zweiten Teil nur aus diesem Grund und nicht wegen der hohen Gage angenommen habe: »Mal ganz ehrlich, ich brauche dieses Geld nicht. Es war definitiv nicht der Auslöser, warum ich Natalie nochmals gespielt habe. Ich mag eigentlich keine Fortsetzungen und will immer etwas Neues machen.«

Die Filmkritiken zu *3 Engel für Charlie – Volle Power* reichten von überschwänglichem Enthusiasmus über Gleichgültigkeit bis zu völliger Verachtung. In der Zeitschrift *Variety* stand: »Größer, geschmeidiger und besser als der erste Teil ist *3 Engel für Charlie – Volle Power* ein absoluter Spaß, der die positiven Elemente des Kinohits aus dem Jahr 2000 auf eine neue Ebene hebt … Diaz zeigt erste Zeichen von höchster Starpower, indem sie gleichzeitig einen irren Charme und die Tollpatschigkeit eines kleinen Welpen

Links: Szenen aus *Super süß und super sexy*
Rechts: Die drei Engel bei den Blockbuster Entertainment Awards 2001

versprüht, kombiniert mit einem mörderisch gut aussehenden Körper und einem leinwandfüllenden Lächeln.« Der *Rolling Stone* hingegen war nicht ganz so charmant: »Camerons sonst so grundehrlicher Charme ist zur Gewohnheit geworden.« In der englischen Zeitung *The Guardian* bezeichnete man den neuen Film als Reinfall: »Besonders Diaz wirkt erschöpft und leicht verrückt, und ihre Rolle hat leider große Ähnlichkeit mit dem Flittchen, das sie in dieser entsetzlichen Komödie *Super süß und super sexy* gespielt hat.«

3 Engel für Charlie – Volle Power feierte seine USA-Premiere am 18. Juni 2003 und kam neun Tage später landesweit in die Kinos. In den USA spielte der Film zwar 100 Millionen Dollar ein, wurde dort aber als Flop bezeichnet, weil er die hohen Herstellungskosten nicht wieder einspielen konnte. Weltweit kamen an den Kinokassen dann doch noch fast 160 Millionen Dollar zusammen. Dennoch ist es nach diesen Ergebnissen sehr zu bezweifeln, dass es noch einen dritten Teil in der *3 Engel*-Reihe geben wird.

Privat hatte Cameron Diaz mehr Grund zur Freude; nach ihrer Trennung von Jared Leto im Frühjahr 2003 begann sie eine Beziehung mit dem Popsänger Justin Timberlake, der damals gerade erst seine Solokarriere gestartet hatte. Timberlake war neun Jahre jünger als Diaz und hatte bereits große Erfolge in der Boyband *NSYNC feiern können, in der er seit seinem 14. Lebensjahr sang. Der Sänger war schon ein beliebtes Objekt der Paparazzi gewesen, als er mit der Sängerin Britney Spears zusammen war, die mit ihm die amerikanische Fernsehsendung *New Mik-* *key Mouse Club* moderiert hatte. Diaz und Timberlake etablierten sich schnell als Showbiz-Pärchen, weil sie in ihren jeweiligen Berufen zu den erfolgreichsten Stars ihrer Zeit gehörten. Trotz des Altersunterschieds fanden viele, dass Cameron und Justin sehr gut zusammenpassten.

Am 30. August 2003 verbrachte die Schauspielerin ihren 31. Geburtstag mit Surfen an der Küste Hawaiis. Das klingt zwar idyllisch, aber Cameron hatte einen Unfall mit ihrem Surfboard und brach sich dabei zum wiederholten Mal die Nase – nicht gerade ein schönes Geburtstagsgeschenk. Eine gebrochene Nase ist für jeden eine ärgerliche und schmerzhafte Angelegenheit, aber für einen Filmstar, der von seinem Aussehen lebt, konnte so etwas schon verhängnisvoll sein. Außerdem hat Cameron generell Probleme mit sehr schlechter Haut, und in regelmäßigen Abständen hatte sie mit einer hartnäckigen Akne zu kämpfen.

Ein paar Monate später musste Cameron negative Publicity hinnehmen, obwohl sie sich persönlich nichts zu Schulden hatte kommen lassen. Im Oktober 2003 kam Sofia Coppolas gefeierte, skurrile und romantische Komödie *Lost In Translation* (2003) in die amerikanischen Kinos. Sofort machten Gerüchte die Runde, dass die Rolle der arroganten Kelly, gespielt von der Schauspielerin Anna Faris, eine leicht kaschierte Parodie auf Cameron Diaz gewesen sein soll. Coppola hatte das Drehbuch auf ihren eigenen Lebenserfahrungen aufgebaut, und sie war damals mit Regisseur Spike Jonze verheiratet, für den Diaz bei *Being John Malkovich* vor der Kamera gestanden hatte. Der Film spielte in Japan, wo Cameron zufällig auch als Teenager-Model gearbeitet hatte. In *Lost In Translation* befindet sich Kelly momentan in Japan auf Promotiontour für ihren neuen Actionfilm – was als weiterer Bezug auf Diaz gewertet wurde. Obwohl Coppola jegliche Verbindung zwischen Kelly und Cameron leugnete, ließ sich die Öffentlichkeit davon nicht überzeugen. Die Schauspielerin Anna Faris fühlte sich wegen der ganzen Sache angeblich so schlecht, dass sie sich öffentlich bei Cameron Diaz entschuldigte.

Cameron in Action

Durch ihren Unfall und die gebrochene Nase war es für Cameron zunächst unmöglich, wieder vor die Filmkameras zu treten. Daher war es einfach nur passendes Timing, als die Arbeiten für *Shrek 2 – Der tollkühne Held kehrt zurück* (2004) anstanden, bei denen Cameron nur ihre Stimme einsetzen musste. Sie lieh ihre Stimme wie im ersten Teil wieder Prinzessin Fiona, und auch Mike Myers und Eddie Murphy waren in der amerikanischen Fassung wieder mit von der Partie; alle drei Stars erhielten jeweils eine Gage von zehn Millionen Dollar. Diaz freute sich darüber, wieder die Fiona sprechen zu dürfen, und sagte in einem Radiointerview mit der BBC: »Ich mag ihr Aussehen, den Oger-Look. Ich finde, dass sie schön aussieht, mit den großen Augen, der rundlichen Figur und ihrer lieblichen Art. Mir gefielen einfach beide Versionen von ihr, und ich kann es kaum abwarten zu sehen, was sie in dem Film erleben wird.«

Mit einem Budget von 150 Millionen Dollar begann im Mai 2003 die Produktion von *Shrek 2*. Neben Diaz, Myers und Murphy stellten Stars wie Antonio Banderas, Julie Andrews, John Cleese und Rupert Everett ihre Stimmen zur Verfügung. Cleese hatte mit Cameron Diaz bereits bei *3 Engel für Charlie – Volle Power* vor der Kamera gestanden, und Everett war ihr Co-Star in *Die Hochzeit meines besten Freundes* gewesen. Julie Andrews, die nicht unbedingt mit Komplimenten um sich wirft, war von Cameron beeindruckt. Sie behauptete sogar, dass Diaz die Einzige sei, die es schaffte, Julies Rolle der Marie in dem Filmklassiker *Meine Lieder – meine Träume* aus dem Jahr 1965 perfekt wiederzugeben.

Shrek 2 knüpft genau dort an, wo der erste Teil aufgehört hatte: Nach den Flitterwochen kehren Shrek und Prinzessin Fiona bei der königlichen Familie zu einem Abendessen ein. Fionas Eltern sind von der Hochzeit mit dem Monster nicht gerade begeistert und würden ihre Tochter lieber in den Händen des schönen Prinz Charmings sehen. Um Shrek loszuwerden, beauftragt der König den gestiefelten Kater, einen Auftragskiller, allerdings geht das Attentat auf Shrek schief, und der gestiefelte Kater wird zu Shreks treuem Gefolgsmann. Der König muss nun auf die Hilfe der »guten Fee« zählen, um seine Tochter Fiona an den »richtigen« Mann zu binden.

Der zweite Teil der *Shrek*-Serie kam am 19. Mai 2004 in die amerikanischen Kinos und startete am 1. Juli 2004 in Deutschland. Bereits nach der zweiten Woche hatte der Film die gesamten Einspielergebnisse des bis dahin erfolgreichsten Trickfilms *Findet Nemo* übertroffen und spielte weltweit unglaubliche 900 Millionen Dollar ein. Die Filmkritiken fielen größtenteils positiv aus, wobei besonders die Leistungen der Sprecher gewürdigt wurden. In der Zeitung *The Hollywood Reporter* hieß es: »*Shrek 2* vereinigt die wohl beste Zusammenstellung von Sprechern, die es jemals in einem animierten Film gegeben hat, und schafft dadurch mal wieder ein Kinovergnügen, das mit seinen Witzen erfolgreich jede Altersgruppe anspricht.«

Für Cameron Diaz war es eine relativ lange Drehpause zwischen dem zweiten *3 Engel*-Film und einer Komödie namens *In den Schuhen meiner Schwester* (2005). Sie verbrachte viel Zeit mit ihrem Freund Justin

Timberlake, wobei sie merkte, dass das Interesse an ihrer Person noch mehr gestiegen war und sie ständig von Paparazzi verfolgt wurde. In einem Interview sagte sie: »Es ist mittlerweile nur noch Strategie. Ernsthaft, es ist wie Kriegsführung, du gegen sie, und du musst sehr strategisch vorgehen. Das kostet sehr viel Energie. Ich denke oft: Mein Gott, ich könnte mir gerade über so wichtige Dinge Gedanken machen, wenn ich mich nicht auf diese 16 Typen konzentrieren müsste, die mich verfolgen und sich wahrscheinlich sofort auf mich stürzen werden, sobald ich das Auto verlasse. Es wäre schon angenehmer, sich über andere Dinge Gedanken zu machen.«

In *In den Schuhen meiner Schwester* geht es um zwei Schwestern, die der Meinung sind, dass ihre einzige Gemeinsamkeit ihre Schuhgröße ist. Regisseur des Filmes war Curtis Hanson, der zuvor schon große Erfolge mit *L.A. Confidential* (1997) und *8 Mile* (2002) hatte feiern können. Cameron spielte neben der Australierin Toni Colette, bekannt durch ihre Rollen in *The Sixth Sense* (1999) und *About A Boy* (2003), sowie neben der Hollywoodgröße Shirley MacLaine, die unter anderem in den Klassikern *Immer Ärger mit Harry* (1955) und *Das Appartement* (1960) mitgespielt hatte.

Die Hauptdarstellerinnen kamen sehr gut miteinander klar und genossen die gemeinsame Arbeit; Toni Colette sagte in einem Interview mit dem *Independent*: »Es war toll, Camerons Schwester sein zu dürfen. Sie hat ein Herz aus Gold, und sie lässt die Dinge immer sehr locker angehen. Sie ist sehr bescheiden und hat einen tollen Charakter. Außerdem sieht sie natürlich auch sehr gut aus.« Shirley MacLaine äußerte sich ebenfalls sehr positiv über Cameron, die sich nach MacLaines Meinung als Schauspielerin unter Wert verkauft hatte: »Ich wusste, dass sie mehr zu bieten hatte, als sie bisher zugelassen hat. *Verrückt nach Mary* und *3 Engel für Charlie*? Ich bitte Sie! In diesem neuen

In den Schuhen meiner Schwester

Film hat sie gezeigt, dass sie viel tiefer gehen kann. Sie war sehr mutig und diszipliniert. Äußerst diszipliniert für jemanden, den die Öffentlichkeit für eine alberne Blondine hält, und äußerst ehrgeizig.«

In den Schuhen meiner Schwester dreht sich um die beiden Schwestern Rose (Collette) und Maggie (Diaz). Rose ist erfolgreich und verantwortungsbewusst, und sie arbeitet für eine angesehene Anwaltskanzlei in Philadelphia. Sie wohnt in einem netten Apartment und geht in ihrem Leben auf Nummer sicher. Die glamouröse Maggie ist heißblütig, impulsiv und wechselt häufig die Liebhaber. Sie hat keinen Job und fliegt aus dem Haus ihrer Stiefmutter, woraufhin sie sich bei ihrer Schwester einnistet. Roses schicke Designerwohnung gleicht schon bald einem absoluten Chaos, und als Rose ihren Liebhaber Jim mit Maggie im Bett erwischt, schmeißt sie ihre Schwester raus.

Obwohl manche Szenen in dem Film den Eindruck von seichter Comedy vermitteln, ist das Werk dennoch viel tiefgehender. Es ist eine Charakterstudie über zwei sehr unterschiedliche Frauen, die sich ihrer schmerzhaften Vergangenheit stellen müssen, um ihr Leben in vernünftiger Weise weiterführen zu können und um die Verbundenheit, die sie als Kinder hatten, wiederzuerlangen. Gleich zu Beginn erfährt der Zuschauer, dass irgendetwas in der Kindheit der beiden Frauen schrecklich schiefgegangen ist. Ihre Großmutter Ella (MacLaine) bringt die beiden Schwestern einander wieder näher.

In den Schuhen meiner Schwester feierte seine USA-Premiere am 24. September 2005 und startete in Deutschland am 10. November 2005. Obwohl er in Deutschland mit über einer Million Kinobesuchern recht erfolgreich war, spielte der Film in den USA nur enttäuschende 32 Millionen Dollar ein. In der Filmkritik in der *Chicago Sun-Times* hieß es: »*In den Schuhen meiner Schwester* beginnt wie ein gewöhnlicher Kinofilm und wird zu einem sehr speziellen Werk.« Die Zeitung *Hollywood Reporter* äußerte sich ähnlich positiv: »Regisseur Curtis Hanson hat einen Frauenfilm mit Tiefgang und auch Stil geschaffen ... Diaz verleiht Maggie trotz ihrer Wildheit eine ehrliche Lieblichkeit, die ihre Einsamkeit noch intensiver hervorhebt.«

Vor der Premiere ihres neuen Films widmete sich Cameron noch einer anderen Aufgabe: Sie reiste zusammen mit Justin Timberlake und anderen Freunden wie Drew Barrymore oder Jessica Alba für die MTV-Serie *Trippin'* rund um die Welt. Dabei besuchten Cameron und ihre Crew einige der exotischsten und ungewöhnlichsten Gebiete auf der Welt, um nach Möglichkeiten zu suchen, diese einmaligen Landschaften zu erhalten. Das Ziel der Sendung war, die Zuschauer zu informieren und ihr Interesse an Umweltaktivitäten zu wecken: »Wir wollen die Leute dazu bringen, sich aktiv gegen die Umweltzerstörung einzusetzen.« Cameron sollte sich später auch für den Klimaschutz einsetzen, als sie 2007 Al Gore, den ehemaligen Vizepräsidenten der USA, bei seinem Live-Earth-Projekt unterstützte.

Im Juli 2005 eskalierte der Kampf zwischen Cameron Diaz und dem Fotografen John Rutter, der 1992 die berüchtigten Nacktfotos von Cameron gemacht hatte.

Im Juni 2003, kurz vor dem Start von *3 Engel für Charlie – Volle Power*, hatte Rutter mit Diaz Kontakt aufgenommen, um ihr mitzuteilen, dass er lukrative Angebote für jene besagten Fotos erhalten habe. Er bot der Schauspielerin an, ihm die Fotos für 3,5 Millionen Dollar abzukaufen, wenn sie nicht wollte, dass diese Bilder in die Öffentlichkeit gerieten. Da sich die Schauspielerin auf diese Erpressung nicht einlassen wollte, schaltete sie die Polizei ein. Rutter wurde verhaftet, und Cameron behauptete, dass der Fotograf damals ihre Unterschrift gefälscht hätte, um die Rechte für die Fotos zu erhalten.

Vor Gericht musste Cameron Stellung zu den Fotos nehmen, die sie nur in Netzstrümpfen und Lederstiefeln zeigten. In der über drei Stunden dauernden Verhandlung erklärte die Schauspielerin, dass sie ursprünglich versucht habe, mit Rutter zu verhandeln. Sie hatte ihn als Geschäftspartner gewinnen wollen, um ausgewählte Fotografien an verschiedene Publikationen ihrer Wahl zu verkaufen oder in Galerien auszustellen. Rutter hätte einen Teil der Einnahmen erhalten, und es war geplant, dass der Rest an Wohltätigkeitsorganisationen gehen sollte. Als der Fotograf dieses Angebot ablehnte und behauptete, er könne für die Fotos fünf Millionen Dollar von anderen Interessenten erhalten, war Cameron keine andere Wahl geblieben, als vor Gericht zu ziehen. Vor dem Richter sagte sie aus: »Ich werde wütend, wenn man mich ausnehmen will. Ich habe mich noch nie so verletzt gefühlt.« Camerons Behauptung, dass Rutter ihre Unterschrift gefälscht hätte, wurde durch Experten belegt – anscheinend hatte Rutter die Unterschrift von einer Autogrammkarte kopiert. Rutter wurde für schuldig erklärt und zu fast vier Jahren Haft verurteilt. Per Gerichtsbeschluss wurde es ihm verboten, jegliches Bildmaterial von der Nacktfotosession zu veröffentlichen. Danach wurde Cameron verständlicherweise sehr vorsichtig, was Autogrammanfragen betraf.

Im selben Monat erhielt Cameron Diaz Schadensersatzzahlungen von der britischen Boulevardzeitung *The Sun*, weil diese berichtet hatte, dass Diaz eine Affäre mit Shane Nickerson, dem Produzenten ihrer MTV-Sendung *Trippin'*, gehabt haben soll. Cameron hatte den Herausgeber der *Sun*, News Group Newspapers, wegen dieser falschen Behauptungen verklagt. Die Schauspielerin war mit Justin Timberlake zusammen, und Nickerson war ein verheirateter Mann und hatte eine junge Tochter, daher war diese Geschichte für beide Beteiligte besonders verletzend. Das Pikante daran war, dass Diaz angeblich dabei erwischt worden war, wie sie Nickerson in aller Öffentlichkeit geküsst hatte, während Timberlake im Krankenhaus lag und eine Operation an den Stimmbändern über sich ergehen lassen musste.

Was Camerons nächste Filmprojekte betraf, gab es einige Verwirrungen, da sie für einige Filmprojekte eingeplant war, diese aber dann doch absagte. Sie nahm eine Rolle in der Komödie *Dick und Jane* (2005) an, einem Remake des Klassikers *Das Geld liegt auf der Straße* (1976). Die neue Version sollte eigentlich eine Reunion mit ihrem ersten Filmpartner Jim Carrey werden – zehn Jahre nach ihrem gemeinsamen Auftritt in *Die Maske* war Cameron Diaz zweifellos ein größerer Star als Carrey, der sich mittlerweile auch nicht mehr als der Comedykönig von Hollywood betrachten konnte. Da sich der Film mit anderen Projekten überschnitt, musste Cameron die Rolle absagen. An Carreys Seite spielte stattdessen die Schauspielerin Tea Leoni.

2006 versuchten Carrey und Diaz erneut eine Reunion auf der Kinoleinwand, dieses Mal bei dem Film *A Little Game Without Consequence*, einer romantischen Komödie, die auf einem französischen Theaterstück und Film basierte. In dem Film ging es um ein scheinbar perfektes Pärchen, das vorgibt, sich zu trennen, nur um die Reaktionen ihrer Freunde zu testen. Beide sind schockiert, als sie erfahren, dass sie niemand wirklich für ein perfektes Paar gehalten hat. Zwei Wochen vor dem geplanten Drehbeginn stieg Jim Carrey aus dem Projekt aus, und Cameron folgte ihm kurze Zeit später. Von beiden Seiten gab es keine offizielle Erklärung für ihren Ausstieg, allerdings kursierten Gerüchte, dass beide mit dem Drehbuch nicht zufrieden waren.

Camerons nächstes Filmprojekt war *Liebe braucht keine Ferien* (2006), eine Co-Produktion von Columbia und Universal, bei der Cameron neben Jude Law, Kate Winslet und Jack Black vor der Kamera stand. Jude Law hatte mit Filmen wie *Der talentierte Mr. Ripley* (1999) und *Unterwegs nach Cold Mountain* (2003) große Erfolge feiern können, die ihm beide jeweils eine Oscarnominierung eingebracht hatten. Kate Winslet war durch ihre Hauptrolle in James Camerons erfolgreichem Liebesdrama *Titanic* (1997) zum Star aufgestiegen, und Jack Black hatte durch Filme wie *School Of Rock* (2003) und *King Kong* (2005) auf sich aufmerksam gemacht.

Die Produzentin, Drehbuchautorin und Regisseurin Nancy Meyers, die sich auf romantische Komödien spezialisiert hatte, von denen *Was Frauen wollen* (2000) und *Was das Herz begehrt* (2003) bisher die erfolgreichsten waren, hatte bei der Entstehung des Drehbuches von *Liebe braucht keine Ferien* bereits die vier Schauspieler im Kopf, die letztendlich die Hauptrollen übernahmen.

In dem Film geht es um zwei Frauen, die aus ihrer gewohnten Umgebung ausbrechen wollen, um auf andere Gedanken zu kommen. Amanda (Diaz) wohnt in Kalifornien und hat sich gerade von ihrem Freund getrennt, der sie betrogen hat. Iris (Winslet) ist eine Journalistin aus dem englischen Surrey, die unglücklich in einen Kollegen verliebt ist. Beide Frauen lernen sich über einen Häusertausch im Internet kennen und beschließen, Weihnachten jeweils im Haus der anderen zu verbringen. In Surrey lernt Amanda Graham (Law) kennen und verbringt eine Nacht mit ihm. Iris trifft in L.A. auf den Filmmusikkomponisten Miles, und beide verlieben sich ineinander.

Die Liebesszenen mit Jude Law waren für Cameron Diaz kein Problem, obwohl dadurch natürlich die Gerüchteküche gleich wieder brodelte. In einem Interview sagte Cameron: »Als Schauspieler müssen wir gewisse Emotionen für den Film herüberbringen, um die Geschichte angemessen zu erzählen. Genau das sind wir: Geschichtenerzähler. Ich bin mir sicher,

Cameron Diaz

Mit Shirley MacLaine in dem Film
In den Schuhen meiner Schwester

dass sich jeder Schauspieler zuerst unwohl mit dem Gedanken fühlt, eine Liebesszene mit seinem Filmpartner zu spielen, obwohl man selbst in einer festen Beziehung steckt. Aber man spielt schließlich eine andere Figur, das gehört zum Job, und man muss sicherlich eine gewisse Professionalität dafür an den Tag legen. Man ist in einem Raum mit etwa fünfzig Leuten, und die Kamera läuft. Es geht darum, den Leuten etwas glaubwürdig zu präsentieren, und in Wirklichkeit steckt für uns Schauspieler aber nichts dahinter. Natürlich gibt es Ausnahmen, aber nicht bei mir. Jude ist ein wundervoller Partner in diesen Dingen, er ist sehr respektvoll. Er ist ein sehr netter und professioneller Kerl, und er ist einfach der Richtige für solche Szenen.«

Liebe braucht keine Ferien lief im Dezember 2006 weltweit in den Kinos an und spielte insgesamt über 200 Millionen Dollar ein. Die Filmkritiken waren durchwachsen, und viele Journalisten bemängelten das seichte Drehbuch und die Vorhersagbarkeit der Handlung. Der *Hollywood Reporter* bezeichnete den Streifen als »Weihnachts-Frauenfilm mit ganz viel Herz«, und in der *Variety* wurde er als »überlanger Film« bezeichnet, »der nicht annähernd so klug ist, wie er gern sein möchte«. In einer deutschen Filmbesprechung hieß es: »*Liebe braucht keine Ferien* ist wie eine filmische Tasse Glühwein: Viel Zucker und ausreichend Alkohol, der das klare Denken betäubt, führen zu einem wohlig-weggetretenen Zustand.«

Durch den großen Erfolg von *Shrek 2* war ein dritter Teil in der Filmreihe natürlich unausweichlich. In *Shrek der Dritte* (2007) waren Cameron Diaz, Mike Myers und Eddie Murphy wieder als Fiona, Shrek und Esel vereint, und auch Antonio Banderas, Julie Andrews, John Cleese und Rupert Everett waren wieder mit von der Partie. Neu unter den Sprechern waren *Monty Python*-Star Eric Idle und Camerons Freund Justin Timberlake. Letzterer hatte schon in Filmen wie *Edison* (2005) oder *Alpha Dog – Tödliche Freundschaft* (2006) Erfahrungen als Schauspieler sammeln können und war in einer Folge der Zeichentrickserie *Die Simpsons* als Sprecher zu hören gewesen.

Die Produktion des Filmes, der ein stolzes Budget von 160 Millionen Dollar hatte, begann am 3. Oktober 2005. Im dritten Teil soll Shrek Herrscher des Königreichs »Weit, weit weg« werden, allerdings sieht sich der grüne Held nicht dazu imstande. Er geht mit seinen Freunden, dem Esel und dem gestiefelten Kater, auf die Suche nach Prinzessin Fionas Cousin Artus, dem rechtmäßigen Thronfolger. Gleichzeitig versucht der schöne Prinz Charming, das Königreich zu stürmen, den Thron durch einen Staatsstreich zu übernehmen und Shrek zu töten. Wie erwartet wurde *Shrek der Dritte* ein großer Erfolg an den Kinokassen, als er im Sommer 2007 in den Kinos anlief, jedoch kam er an das Traumergebnis von *Shrek 2* nicht heran. Waren die Zuschauer des liebenswerten grünen Monsters und seiner Freunde etwa überdrüssig geworden? Die Produzenten des Films hofften, das dies nicht der Fall war, denn der vierte Teil war zu dem Zeitpunkt bereits in Planung und soll 2010 in die Kinos kommen.

Cameron machte sich mittlerweile Sorgen um ihr Aussehen. Da sie sich bereits vier Mal die Nase gebrochen hatte, beschloss sie im November 2006, sich unters Messer zu begeben. Auch wenn ihr Gesicht nicht ihre einzige Einnahmequelle war, machte es sicherlich einen großen Teil ihrer Einnahmen aus. Cameron selbst betonte, dass der chirurgische Eingriff nicht aus kosmetischen, sondern aus gesundheitlichen Gründen nötig sei: »Ich muss mich operieren lassen, weil ich es nicht mehr aushalte. Ich bekomme keine Luft mehr. Meine Nase ist auf einer Seite total zerschmettert, und meine Nasenscheidewand hat Ähnlichkeit mit einem entgleisten Zug.«

Camerons Nase konnte relativ einfach wieder in Ordnung gebracht werden, was man von ihrer Beziehung zu Justin Timberlake nicht behaupten konnte. Im Januar 2007 teilten sie der Öffentlichkeit das Aus ihrer Beziehung mit, die vier Jahre gehalten hatte. In einer gemeinsamen Pressemitteilung ließen sie nüchtern verkünden: »Wir haben unsere romantische Beziehung beendet, in beiderseitigem Einvernehmen und als Freunde, mit fortdauernder Liebe und Respekt füreinander.« Zuvor hatte es bereits wilde Spekulationen über wachsende Spannungen in der Beziehung gegeben. 2004 kursierten Gerüchte, dass Diaz und Timberlake ihre baldige Hochzeit verkünden wollten; Timberlake hatte ihr angeblich einen Antrag gemacht und bei Camerons Eltern um die Hand ihrer Tochter angehalten. Zur gleichen Zeit sagte Cameron in einem Interview mit der *Sun*: »Ich bin unabhängig. Ich liebe es, allein zu sein. Ich glaube nicht, dass ich mit jemandem zusammenleben könnte. Meine Zeit widme ich am liebsten meinen Katzen. Ich würde sehr gerne mal einen ganzen Monat verbringen, ohne mich mit irgendwem unterhalten zu müssen.« Das hörte sich nicht nach einer guten Basis für eine langfristige Beziehung an. Dennoch zogen Cameron und Justin Ende 2004 zusammen in ein 2,5 Millionen Dollar teures Haus in den Hollywood Hills in Los Angeles.

Zwischenzeitlich tauchten immer wieder Berichte auf, dass Timberlake fremdgegangen sei, allerdings wurde dies von beiden dementiert. Ende 2006 kursierte das Gerücht, dass Cameron und Justin sich kurz vor Weihnachten heftigst gestritten hätten und dass beide das Fest der Liebe bei ihren jeweiligen Familien verbracht hätten. Ein paar Wochen später hatten sich die beiden bereits getrennt. Vielleicht war der Altersunterschied doch zu groß und hatte sich als unüberwindbares Problem herausgestellt. Es wurde vermutet, dass Timberlake einfach noch zu jung war, um eine langfristige Beziehung einzugehen, trotz aller angeblichen Hochzeitspläne. Andere Gerüchte besagten, dass der Popsänger sehr eifersüchtig gewesen sei, was Camerons Freundschaften mit anderen Männern betraf.

Als die Trennung von Timberlake bekannt wurde, zog sich Cameron nach Hawaii zurück, einem ihrer Lieblingsurlaubsorte. Sie verbrachte dort ihre Zeit mit Kelly Slater, dem Profisurfer und achtmaligen Weltmeister, der in den USA einen gewissen Promistatus genoss und in der Serie *Baywatch* mitgespielt hatte. Diaz und Slater wurden auch nach ihrem Urlaub häufiger zusammen gesehen, allerdings wurde daraus nie eine ernsthafte Beziehung. Timberlake und Diaz respektierten sich weiterhin und gaben sich bei der Premiere von *Shrek der Dritte* am 6. Mai 2007 in der Öffentlichkeit einen freundschaftlichen Kuss. Im Laufe des Jahres 2007 wurde Cameron zusammen mit dem Sänger John Mayer und später auch an der Seite des ehemaligen Schwimmprofis und jetzigen Schauspielers Scott Speedman gesichtet.

Im Januar 2008 beschloss Cameron, sich aus Los Angeles zurückzuziehen und in New York eine Wohnung zu suchen. Die Schauspielerin hatte nie einen Hehl daraus gemacht, wie sehr sie die Präsenz der Paparazzi in L.A. hasste, und so schaute sie sich in Manhattan nach einem neuen Zuhause um. In einem Interview sagte Diaz: »Hollywood ist ein amüsantes Fleckchen. Es hat viel zu bieten, aber es kann auch sehr viel von dir nehmen.«

CAMERONS ZUKUNFT

Abgesehen von den *Shrek*-Filmen hatte Camerons Filmkarriere in letzter Zeit ein paar leichte Rückschläge hinnehmen müssen. *3 Engel für Charlie – Volle Power* hatte an den Kinokassen nicht den gewünschten Gewinn erzielen können, und auch die beiden Komödien *In den Schuhen meiner Schwester* und *Liebe braucht keine Ferien* blieben hinter den Erwartungen zurück. In der Hoffnung auf einen neuen Kassenschlager nahm die Schauspielerin eine Rolle in der romantischen Komödie *What Happens In Vegas...* (2008) an, einem Film des britischen Regisseurs Tom Vaughan, der mit der Komödie *Starter For 10*

Kapitel 3: An der Spitze Hollywoods

An der Seite von Jude Law
in *Liebe braucht keine Ferien*

(2006) in der Filmwelt auf sich aufmerksam gemacht hatte. Camerons Co-Star in *What Happens In Vegas ...* ist der Schauspieler und Showmoderator Ashton Kutcher, auch bekannt als Ehemann von Demi Moore. Kutcher war durch Filme wie *Ey Mann, wo is' mein Auto?* (2000) oder *Voll verheiratet* (2003) sowie als Moderator der MTV-Serie *Punk'd* berühmt geworden.

In dem Film geht es um Joy (Cameron Diaz), die gerade von ihrem Freund verlassen wurde, und Jack (Kutcher), der seinen Job verloren hat. Beide laufen sich zufälligerweise in Las Vegas über den Weg und feiern die ganze Nacht lang ausgelassen in dem Spielerparadies. Als sie am Morgen verkatert aufwachen, stellen sie entsetzt fest, dass sie im Vollrausch geheiratet haben. Jack knackt daraufhin in einem Casino den Jackpot, allerdings mit Hilfe eines Vierteldollars von Joy. Beide versuchen nun mit allen Mitteln, den anderen auszutricksen, um den Gewinn nicht teilen zu müssen. *What Happens In Vegas ...* wurde in New York und Las Vegas gedreht und kommt in den USA am 9. Mai 2008 und in Deutschland am 28. August 2008 in die Kinos.

Seit 2002 hatte Cameron nur in einem Film pro Jahr mitgespielt und sich mehr Zeit für ihr Privatleben genommen. Hatte sie etwa die Lust am Filmemachen verloren? In einem Interview vom Dezember 2006 sagte sie: »Eine Zeit lang bin ich vor mir

121

Cameron Diaz und Jude Law in
Liebe braucht keine Ferien, 2006

selbst geflohen und habe überhaupt nicht an mich gedacht. Ich habe einen Film nach dem anderen gedreht und tanzte auf jeder Party herum, obwohl ich überhaupt keine Lust dazu hatte. Ich hatte kein Zuhause und wohnte nur in Hotelzimmern. Meine Familie wusste nie, wo ich war. Ich habe alle verrückt gemacht, auch mich selbst. Heute achte ich mehr auf mich und meine Familie und mache das, wozu ich Lust habe. Ich habe endlich ein gutes Gleichgewicht in meinem Leben gefunden.«

Dennoch dürfen sich Camerons Fans 2008 auf einen weiteren Film freuen: Am 19. November 2007 begann die Produktion des Films *The Box*, in dem Diaz eine der Hauptrollen spielt. Regisseur und Drehbuchautor bei diesem Streifen ist Richard Kelly, der sich mit dem düsteren Kultfilm *Donnie Darko* (2001) einen Namen gemacht hatte. Camerons Co-Star ist James Marsden, bekannt durch die Rolle des Cyclops in der Fantasyfilm-Reihe *X-Men*. Der Horrorstreifen *The Box* wurde an verschiedenen Orten in Massachusetts und Virginia gedreht, und die Dreharbeiten waren im Februar 2008 abgeschlossen. In dem Film geht es um eine mysteriöse Kiste, die Norma (Diaz) und Arthur Lewis (Marsden) vor ihrer Haustür finden. In der Kiste befindet sich ein Knopf, und wer ihn drückt, wird reich. Allerdings stirbt jedes Mal, wenn der Knopf gedrückt wird, irgendwo auf der Welt ein Mensch. Da Normas und Arthurs Sohn schwer krank ist und nur durch eine kostenintensive Behandlung gerettet werden kann, sieht das Ehepaar Lewis die Kiste als einzige Lösung. Als Norma den Knopf drückt, hört sie, wie in der Nachbarschaft ein Schuss fällt.

The Box wird Camerons erster Ausflug in den Bereich des Horrorfilms sein, ein oft verschmähtes, aber dennoch äußerst erfolgreiches Genre.

Bisher hatte ihre Karriere sie vom verrückt-komischen Fantasyfilm (*Die Maske*, *Being John Malkovich*) über schwarze Komödien (*Kopf über Wasser*, *Very Bad Things*), skurril-romantische Filme (*Die Hochzeit meines besten Freundes*, *Lebe lieber ungewöhnlich*, *Verrückt nach Mary*), Dramen (*An jedem verdammten Sonntag*, *Gangs Of New York*), Actionfilme (die 3 *Engel für Charlie*-Filme), postmoderne, animierte Märchen (die *Shrek*-Reihe), Hollywood-Frauenfilme (*Liebe braucht keine Ferien*) bis zu dem maßlos selbstverliebten Tom-Cruise-Filmprojekt *Vanilla Sky* geführt.

Da die Zukunft für die Schauspielerin – was das Finanzielle betrifft – gesichert sein dürfte, kann sie sich die Rollen aussuchen, die sie spielen will. Dafür, dass sie ohne jegliches Wissen in diese Branche eingestiegen ist, hat sie eine überaus bemerkenswerte Karriere in Hollywood hingelegt. Momentan verdient sie immer noch um die 15 Millionen Dollar pro Film, was zur Zeit nur Angelina Jolie und Reese Witherspoon übertreffen können. Cameron verleiht Filmen einfach eine einzigartige Note; sie ist durch und durch ein Filmstar, und Hollywood hat ihren Wert erkannt. So ist es auch nicht übertrieben zu behaupten, dass die Filme Cameron mehr brauchen, als sie die Filme. Dass sie in den letzten Jahren ihre Arbeit zurückgeschraubt hat, lässt darauf schließen, dass Cameron ihren Marktwert genau kennt und ihr Privatleben über ihren Beruf stellt.

Kapitel 3: An der Spitze Hollywoods

Dennoch verlief Camerons Filmkarriere absolut einzigartig, und man kann nicht behaupten, dass sie einfach nur pures Glück gehabt hat. Auf die Frage, wie ihr Erfolgsrezept für Hollywood lautet, antwortete Cameron lachend: »Man darf sich nicht das Ziel setzen, unbedingt etwas erreichen zu wollen! Ich wollte nie berühmt und reich sein, ich wollte nie die bestbezahlte Schauspielerin Hollywoods sein. Ich wollte diese ganzen Dinge einfach nicht, die viele Leute glauben erreichen zu müssen. Alles, was ich wollte, war Filme drehen, Spaß haben und mit Leuten arbeiten, die ich gerne mag und von denen ich lernen kann. Ich wollte Filme machen, die den Leuten gefallen, die sie zum Lachen, Weinen oder Nachdenken bringen. Mehr wollte ich nicht, und ich schätze mich unglaublich glücklich, dass ich diese Filme machen durfte. Wenn ich auf meine bisherige Karriere zurückblicke, denke ich: Ich habe das gemacht, was ich wollte – ich habe mit großartigen Leuten zusammengearbeitet, ich habe von ihnen gelernt, und wir haben zusammen tolle Filme gemacht, die sich die Leute gern angesehen haben. Für mich ist das einfach großartig. Das ist das größte Glück, das ich bisher in meiner Karriere gehabt habe.«

Filmographie

DIE MASKE (1994)
Originaltitel: *The Mask*. **Regie:** Charles Russell. **Darsteller:** Jim Carrey (Stanley Ipkiss/Die Maske), Cameron Diaz (Tina Carlyle), Peter Riegert (Lieutenant Mitch Kellaway), Peter Greene (Dorian Tyrrell), Richard Jeni (Charlie Schumaker), Amy Yasbeck (Peggy Brandt).

**LAST SUPPER –
DIE HENKERSMAHLZEIT** (1995)
Originaltitel: *The Last Supper*. **Regie:** Stacy Title. **Darsteller:** Cameron Diaz (Jude), Ron Eldard (Pete), Annabeth Gish (Paulie), Jonathan Penner (Marc), Courtney B. Vance (Luke), Jason Alexander (Anti-Umweltschützer), Nora Dunn (Sheriff Alice Stanley), Charles Durning (Reverend Gerald Hutchens), Bryn Erin (Heather), Mark Harmon (dominater Mann), Ron Perlman (Norman Arbuthnot), Bill Paxton (Zachary Cody).

**SHE'S THE ONE –
EINE FÜRS LEBEN** (1996)
Originaltitel: *She's The One*. **Regie:** Edward Burns. **Darsteller:** Edward Burns (Mickey Fitzpatrick), Mike McGlone (Francis Fitzpatrick), John Mahoney (Mr. Fitzpatrick), Jennifer Aniston (Renee Fitzpatrick), Maxine Bahns (Hope Fitzpatrick), Cameron Diaz (Heather Davis), Malachy McCourt (Tom), Leslie Mann (Connie), Tom Tammi (Father John).

MINNESOTA (1996)
Originaltitel: *Feeling Minnesota*. **Regie:** Steven Baigelman. **Darsteller:** Keanu Reeves (Jjaks Clayton), Cameron Diaz (Freddie Clayton), Vincent D'Onofrio (Sam Clayton), Delroy Lindo (Red), Dan Aykroyd (Ben Costikyan), Courtney Love (Rhonda), Tuesday Weld (Norma Clayton), Levon Helm (Bibelverkäufer).

KOPF ÜBER WASSER (1996)
Originaltitel: *Head Above Water*. **Regie:** Jim Wilson. **Darsteller:** Harvey Keitel (George), Cameron Diaz (Nathalie), Craig Sheffer (Lance), Billy Zane (Kent), Shay Duffin (Polizist).

KEYS TO TULSA (1997)
Regie: Leslie Greif. **Darsteller:** Eric Stoltz (Richter Boudreau), James Spader (Ronnie Stover), Deborah Kara Unger (Vicky Michaels Stover), Michael Rooker (Keith Michaels), Mary Tyler Moore (Cynthia Boudreau), James Coburn (Harmon Shaw), Peter Strauss (Chip Carlson), Cameron Diaz (Trudy).

DIE HOCHZEIT MEINES BESTEN FREUNDES (1997)
Originaltitel: *My Best Friend's Wedding*. **Regie:** P.J. Hogan **Darsteller:** Julia Roberts (Julianne Potter), Dermot Mulroney (Michael O'Neal), Cameron Diaz (Kimberly Wallace), Rupert Everett (George Downes), Philip Bosco (Walter Wallace), M. Emmet Walsh (Joe O'Neal), Rachel Griffiths (Samantha Newhouse), Carrie Preston (Mandy Newhouse), Susan Sullivan (Isabelle Wallace), Harry Shearer (Jonathan P.F. Ritt).

LEBE LIEBER UNGEWÖHNLICH (1997)
Originaltitel: *A Life Less Ordinary*. **Regie:** Danny Boyle **Darsteller:** Ewan McGregor (Robert Lewis), Cameron Diaz (Celine Naville), Holly Hunter (O'Reilly), Delroy Lindo (Jackson), Dan Hedaya (Gabriel), Ian McNeice (Mayhew), Stanley Tucci (Elliot Zweikel), Ian Holm (Mr. Naville), Maury Chaykin (Tod).

FEAR AND LOATHING IN LAS VEGAS (1998)
Regie: Terry Gilliam. **Darsteller:** Johnny Depp (Raoul Duke), Benicio Del Toro (Dr. Gonzo), Tobey Maguire (Anhalter), Ellen Barkin (Kellnerin im North Star Café), Gary Busey (Polizist), Christina Ricci (Lucy), Mark Harmon (Reporter beim Mint 400), Cameron Diaz (blonde Fernsehreporterin), Katherine

Helmond (Angestellte im Mint Hotel), Lyle Lovett (Typ auf der Straße), Flea (Musiker auf der Herrentoilette des Matrix Club), Harry Dean Stanton (Richter), Hunter S. Thompson (Old Uncle Duke).

VERRÜCKT NACH MARY (1998)
Originaltitel: *There's Something About Mary*. **Regie:** Bobby Farrelly, Peter Farrelly. **Darsteller:** Cameron Diaz (Mary Jensen Matthews), Matt Dillon (Pat Healy), Ben Stiller (Ted Stroehmann), Lee Evans (Norman Phipps / Tucker), Chris Elliott (Dom Woganowski), Lin Shaye (Magda), Jeffrey Tambor (Sully), Markie Post (Sheila Jensen), Keith David (Charlie Jensen), W. Earl Brown (Warren Jensen), Hillary Matthews (Mrs. Woganowski), Brett Favre (Brett), Jonathan Richman (Jonathan), Emilio Diaz (Typ im Knast).

VERY BAD THINGS (1998)
Regie: Peter Berg. **Darsteller:** Christian Slater (Robert Boyd), Cameron Diaz (Laura Garrety), Jon Favreau (Kyle Fisher), Leland Orser (Charles Moore), Daniel Stern (Adam Berkow), Jeremy Piven (Michael Berkow), Jeanne Tripplehorn (Lois Berkow), Kobe Tai (Tina).

MAN WOMAN FILM (1999)
Regie: Cameron Pearson. **Darsteller:** Steve Abee (frustrierter Café-Poet), Lee Arenberg (Ali), Matt Baxter (Cyrus), Gavin Bellour (Kurtz: Mannequin-Vergewaltiger), Jessica Beshir (Alis Freundin), Bernadette Colomine (französische Regisseurin), Cameron Diaz (beliebige Berühmtheit).

BEING JOHN MALKOVICH (1999)
Regie: Spike Jonze. **Darsteller:** John Cusack (Craig Schwartz), Cameron Diaz (Lotte Schwartz), Catherine Keener (Maxine), John Malkovich (John Horatio Malkovich), Orson Bean (Dr. Lester), Mary Kay Place (Floris), W. Earl Brown (erster Kunde von JM Inc.), Charlie Sheen (Charlie), Winona Ryder (Winona), David Fincher (Christopher Bing), Sean Penn (Sean).

AN JEDEM VERDAMMTEN SONNTAG (1999)
Originaltitel: *Any Given Sunday*. **Regie:** Oliver Stone. **Darsteller:** Al Pacino (Tony D'Amato), Cameron Diaz (Christina Pagniacci), Dennis Quaid (Jack »Cap« Rooney), James Woods (Dr. Harvey Mandrake), Jamie Foxx (Willie Beamen), LL Cool J (Julian Washington), Matthew Modine (Dr. Ollie Powers), Jim Brown (Montezuma Monroe), Lauren Holly (Cindy Rooney), Ann-Margret (Margaret Pagniacci), Elizabeth Berkley (Mandy), Charlton Heston (Ligavorsitzender).

GEFÜHLE, DIE MAN SIEHT (2000)
Originaltitel: *Things You Can Tell By Just Looking At Her*. **Regie:** Rodrigo Garcia. **Darsteller:** Glenn Close (Dr. Elaine Keener), Cameron Diaz (Carol), Calista Flockhart (Christine Taylor), Kathy Baker (Rose), Amy Brenneman (Kathy), Holly Hunter (Rebecca), Gregory Hines (Robert).

3 ENGEL FÜR CHARLIE (2000)
Originaltitel: *Charlie's Angels*. **Regie:** McG. **Darsteller:** Cameron Diaz (Natalie Cook), Drew Barrymore (Dylan Sanders), Lucy Liu (Alex Munday), Bill Murray (John Bosley), Sam Rockwell (Eric Knox), Kelly Lynch (Vivian Wood), Tim Curry (Roger Corwin), Crispin Glover (Thin Man), Luke Wilson (Pete), John Forsythe (Charles Townsend [Stimme]), Matt LeBlanc (Jason Gibbons), Tom Green (Chad).

INVISIBLE CIRCUS (2001)
Originaltitel: *The Invisible Circus*. **Regie:** Adam Brooks. **Darsteller:** Cameron Diaz (Faith), Jordana Brewster (Phoebe), Christopher Eccleston (Wolf), Blythe Danner (Gail), Patrick Bergin (Gene), Moritz Bleibtreu (Eric).

SHREK – DER TOLLKÜHNE HELD (2001)
Originaltitel: *Shrek*. **Regie:** Andrew Adamson, Vicky Jenson **Sprecher:** Mike Myers / Sascha Hehn (Shrek), Eddie Murphy / Randolf Kronberg (Esel), Cameron Diaz / Esther Schweins (Prinzessin Fiona), John Lithgow / Rufus Beck (Lord Farquaad von Duloc).

VANILLA SKY (2001)
Regie: Cameron Crowe. **Darsteller:** Tom Cruise (David Aames), Penélope Cruz (Sofia Serrano), Cameron Diaz (Julie Gianni), Kurt Russell (Dr. McCabe), Jason Lee (Brian Shelby), Noah Taylor (Edmund Ventura), Timothy Spall (Thomas Tipp), Tilda Swinton (Rebecca Dearborn), Steven Spielberg (Gast bei David Aames' Party).

SLACKERS – RAN AN DIE BRÄUTE (2002)
Originaltitel: *Slackers*. **Regie:** Dewey Nicks. **Darsteller:** Devon Sawa (Dave), Jason Segal (Sam), Laura Prepon (Reanna), Jason Schwartzman (Ethan), Michael C. Maronna (Jeff), Cameron Diaz (Cameron).

SUPER SÜSS UND SUPER SEXY (2002)
Originaltitel: *The Sweetest Thing*. **Regie:** Roger Kumble. **Darsteller:** Cameron Diaz (Christina Walters), Christina Applegate (Courtney Rockliffe), Thomas Jane (Peter Donahue), Selma Blair (Jane Burns), Parker Posey (Judy Webb), Jason Bateman (Roger).

MY FATHER'S HOUSE (2002)
Regie: Larry Holden.
Darsteller: Clint Culp (Henry), Verna Day (Frau an der Tür), Mike Donaldson (Timmy), Jeremy Garrett (Eddie Regan), Robert David Hall (Mann auf Krücken), Cameron Diaz (junge Frau)

MINORITY REPORT (2002)
Regie: Steven Spielberg. **Darsteller:** Tom Cruise (John Anderton), Max von Sydow (Lamar Burgess), Steve Harris (Jad), Neil McDonough (Fletcher), Patrick Kilpatrick (Knott), Cameron Diaz (Frau in der Metro).

GANGS OF NEW YORK (2002)
Regie: Martin Scorsese. **Darsteller:** Leonardo DiCaprio (Amsterdam Vallon), Daniel Day-Lewis (Bill »The Butcher« Cutting), Cameron Diaz (Jenny), Jim Broadbent (Tweed), John C. Reilly (Happy Jack), Henry Thomas (Johnny Sirocco), Liam Neeson (Priest Vallon).

3 ENGEL FÜR CHARLIE – VOLLE POWER (2003)
Originaltitel: *Charlie's Angels: Full Throttle*. **Regie:** McG. **Darsteller:** Cameron Diaz (Natalie Cook), Drew Barrymore (Dylan Sanders), Lucy Liu (Alex Munday), Bernie Mac (Jimmy Bosley), Crispin Glover (Thin Man), John Forsythe (Charles Townsend [Stimme]), Demi Moore (Madison Lee), Justin Theroux (Seamus O'Grady), John Cleese (Mr. Munday).

SHREK 2 – DER TOLLKÜHNE HELD KEHRT ZURÜCK (2004)
Originaltitel: *Shrek 2*. **Regie:** Andrew Adamson, Kelly Asbury, Conrad Vernon. **Sprecher:** Mike Myers / Sascha Hehn (Shrek), Eddie Murphy / Randolf Kronberg (Esel), Cameron Diaz / Esther Schweins (Prinzessin Fiona), Julie Andrews / Marie-Lousie Marjan (Königin Lillian), John Cleese / Thomas Danneberg (König Harold), Antonio Banderas / Benno Führmann (Der gestiefelte Kater), Rupert Everett / Thomas Vogt (Prinz Charming).

IN DEN SCHUHEN MEINER SCHWESTER (2005)
Originaltitel: *In Her Shoes*.
Regie: Curtis Hanson.
Darsteller: Cameron Diaz (Maggie), Toni Collette (Rose), Shirley MacLaine (Ella), Mark Feuerstein (Simon), Ken Howard (Michael Feller), Candice Azzara

(Sydelle), Francine Bears (Mrs. Lefkowitz), Norman Lloyd (Professor), Jerry Adler (Lewis Feldman), Brooke Smith (Amy).

LIEBE BRAUCHT KEINE FERIEN (2006)
Originaltitel: *The Holiday*
Regie: Nancy Meyers
Darsteller: Cameron Diaz (Amanda), Kate Winslet (Iris), Jude Law (Graham), Jack Black (Miles), Eli Wallach (Arthur Abbott), Edward Burns (Ethan), Rufus Sewell (Jasper).

SHREK DER DRITTE (2007)
Originaltitel: *Shrek The Third*
Regie: Chris Miller, Raman Hui
Sprecher: Mike Myers / Sascha Hehn (Shrek), Eddie Murphy / Randolf Kronberg (Esel), Cameron Diaz / Esther Schweins (Prinzessin Fiona), Julie Andrews / Marie-Lousie Marjan (Königin Lillian), John Cleese / Thomas Danneberg (König Harold), Antonio Banderas / Benno Führmann (Der gestiefelte Kater), Rupert Everett / Thomas Vogt (Prinz Charming), Justin Timberlake / Robin Kahnmeyer (Artie).

WHAT HAPPENS IN VEGAS (2008)
Regie: Tom Vaughan. **Darsteller:** Cameron Diaz (Joy), Ashton Kutcher (Jack), Lake Bell (Tipper), Queen Latifah.

THE BOX (2008)
Regie: Richard Kelly. **Darsteller:** Cameron Diaz (Norma), James Marsden (Arthur), Frank Langella.

DANKSAGUNG

Besonderer Dank gilt Pauline Dunham, Gary Kramer, Brian Neale, David O'Leary, Alison Powell, David Pratt, Richard Reynolds, Beth Richards, Adrian Rigelsford und Heather Shaw.

CAMERON DIAZ
Von Daniel O'Brien
Aus dem Englischen von Thorsten Wortmann
Satz und Layout: Natalie Reed

Genehmigte Lizenzausgabe. © der Übersetzung:
Schwarzkopf & Schwarzkopf Verlag GmbH, Berlin 2008
ISBN 978-3-89602-829-7

Erstmals veröffentlicht in Großbritannien von Reynolds & Hearn.
© Reynolds & Hearn Ltd., 2008 | 61a Priory Road, Kew Gardens, Richmond, Surrey TW9 3DH, UK | www.rhbooks.com

Dieses Werk ist urheberrechtlich geschützt. Jede Verwendung, die über den Rahmen des Zitatrechts bei vollständiger Quellenangabe hinausgeht, ist honorarpflichtig und bedarf der schriftlichen Genehmigung des Verlages. Die Aufnahme in Datenbanken sowie jegliche elektronische oder mechanische Verwertung ist untersagt.

BILDNACHWEIS

Titelbild: © United Archives / Tammie Arroyo / AFF | Alle Bilder © Rex Features und London Features International außer: S. 4, 12, 14, 30, 32, 34 beide, 35, 36 beide, 37 beide, 38, 40, 41, 44, 47, 48, 49, 50, 54, 56, 57, 75 beide, 80 beide, 82, 83 beide, 86, 87, 98, 99, 101, 102, 103, 104, 106, 107, 108, 109, 110, 111, 114 beide, 118, 121, 123 © United Archives | Die genannten Bilder der Agentur United Archives sind nicht Bestandteil der englischsprachigen Originalausgabe des Buches.

United Archives GmbH | Kartaeuser Gasse 16 | 50678 Köln
Telefon: ++49 (0)221 3561138 | E-Mail: frank.golomb@united-archives.de
Internet: www.united-archives.com

KATALOG
Wir senden Ihnen gern kostenlos unseren Katalog.
Schwarzkopf & Schwarzkopf Verlag GmbH
Kastanienallee 32, 10435 Berlin
Telefon: 030 – 44 33 63 00 | Fax: 030 – 44 33 63 044

INTERNET & E-MAIL
www.schwarzkopf-schwarzkopf.de
info@schwarzkopf-schwarzkopf.de